하늘과 땅의 기운이 한 바퀴를 돌아 바뀌는 시간, 그 변곡점 위에 서 있는 기분이다. 열두 번째 책의 운명이란, 끝과 시작의 경계선에 서서 세상을 다시 바라봐야 하는 '시계, 줄'을 쥐고 있는지도 모른다. 12간지의 동물들은 끊임없이 움직일 것이며, 우주만물은 여전히 반복될 예정이다. 한정된 시간만 주어진 우리와 아랑곳없이……. 위대한 자연의 순환 앞에서 겸허해진다.

글보다 사람, 사람보다 글.

그 사이를 추처럼 왔다 갔다 한다. 무엇이면 어떤가. '상관없음'이란 말이 반갑다. 한번 믿으면 백년은 믿어주는, 믿어줄 수 있는 깊은 마음이 그리운 시간이다.

바닷가 책방에서
카뮈를 만나다

바닷가 책방에서 카뮈를 만나다

이경은 지음

세상의 모든 구석에서 책을 읽는 이에게

바다, The sea, la mer, il mare, *海うみ*, *海*hai, mar···.

바다, 라는 말에 음의 울림이 들어 있다. 사는 동네마다 다른 모양이지만, 가슴 속에서는 하나의 소리로 아니 비슷한 느낌으로 울려 퍼진다. 소리 내어 읽어본다. 그리움이 낮게 깔려든다.

'바다'라는 말을 들여다보면 '바라본다, 바란다'가 떠오른다. 그래서일까. 무언가 마음이 복잡하거나 사는 일이 힘들 때면 바다로 떠나고 싶어진다. 바닷가에 앉아 저 먼 수평선을 멍하니 바라보거나, 그 너머의 세상을 꿈꾸며 새로운 삶을 살고 싶다는 바람을 갖는 곳. 마치 책을 향하는 마음 같다.

그동안 쓴 열한 권의 책을 들춰 보니 바다에 관해 쓴 글이 몇 편 안된다. 게다가 그 자체에 대한 묘사라기보다는 바다와 함께 하는 '어떤 대상'들을 그리고 있다. 영도의 바다가 아니라 영도 흰여울 마을의 유진목 시인, 손목서가, 시집 『거짓의 조금』에 대해 썼다든가, 김녕 바다에서 선배의 죽음을 '속울음의 꽃'으로 기린다든지, 고성 바다 앞에서도 대진 바다만을 찍는 사진작가를 묘사했다. 그나마 지중해의 안탈랴 해변에서 바다를 바라보면서 쓴 글 한 편이 겨우 바다와 나 자신의 조우를 표현하고 있을 뿐이다. 아, 바다만으로는 모자라는구나. 나는 배경 안에 무언가가 있어야 마음에 드는 모양이다. 결국 이 책에도 그 '무언가'를 그려넣었다.

나이 들면 책방을 하겠다는 손이 고운 남자와 결혼했다. 빌딩주인으로 세를 받고 살고 싶다거나 귀농의 꿈이 아니라 다행이었다. 둘 다 나하고는 어울리지 않는 꿈의 품목이다. 그땐 그랬다. 지금은? 아직도 '철없음'의 진행형이긴 하다.

처음에 이 책의 제목을 고르면서, 편집자가 추천한 '바닷가 책방의 소믈리에'를 택했다. 이참에 그에게 작고 예쁜 책방을 바닷가에 차려주고 싶어서……. 초등학교 4학년 때, 신당동 헌책방에서 위인전 한 권을 사서 품에 꼭 안고 집으로 돌아가면서 '이 다음에 책방 주인이 돼야지' 하고 결심했다는 남자다. 강감찬부터 이순신까지 위인전들을 한 권씩 읽을 때마다 가슴이 쿵쿵 뛰고 미래를 향한 꿈을 키웠다기에, 그 책방엔 동화책은 없었느냐며 웃은 일도 있었는데…….

그가 바닷가 책방의 주인장 노릇을 하는 동안, 나는 옆에서 책에 맞는 음악을 틀어주고, 바다의 거품을 얹은 커피 한 잔을 대접하며 쿄토의 커피하우스를 소개하거나, '덧없음과 영원 사이'에 낀 우리들의 인생을 '사진'으로 얘기하는 존 버거와 알제리의 모래바람을 맞으며 외로이 서 있는 카뮈에게 최고급 와인을 내놓고 싶다. 또 하이볼이나 칵테일을 마시며 앙드레 케르테츠의 '책 읽는 사람들'을 불러내 이야기를 듣거나, 모히토나 다이끼리를 마시며 헤밍웨이와 바다를 실컷 얘기하고, 막걸리를 마시며 대금 소리를 들으면서 루쉰의 '아침꽃'을 말해도 좋겠다. 하루 종일 재즈를 들으며 하루키와 함께 스윙을 하며 가볍게 몸을 흔들고, 머나먼 섬의 지도를 찾아보면서 '하루'라는 시간을 보낼 수도 있겠지.

가끔 손님이 없는 시간에 바닷가 책방 다이어리를 쓰면서……. 독자와 좋은 책과 음악, 영화, 그림, 사진, 술과 차, 그리고 우리들의 인생 이야기를 나누고 싶었다.

이 책 교정을 보는데 카뮈의 외로움이 슬쩍 지나간다. 그래, 먼젓번 독서에세이에서 카프카를 불러내었으니, 이번에는 카뮈를……. 단순한 결정. 마음에 든다. '바닷가 책방에서 카뮈를 만나다'로 제목을 앉히니, 만나면 무엇을 할까 갑자기 머릿속이 분주해진다. 그런데, 뭘 해야 하나. 그저 바닷가 책방에 찾아온 손님들과 저물어가는 태양과 바다를 바라만 봐도 좋을 텐데 뭘……. 심심하면 '이방인'을 불러내 와인을 한잔하든가. 옆에 카뮈도 있잖아. 그치?

"떠오르는 태양의 햇살이 문틈으로 스며드는 아침부터, 밤바다의 파도 소리가 책방 문을 두드릴 때까지 열려 있는, 바닷가 책방입니다."

2025년 가을, '구름집' 雲家에서
이경은

차례

프롤로그   6

1부
낯선 골목을 걸을 때

리스본 골목에서 그가 기다린다   16

눈물의 색깔   22

빗방울의 이름들   28

두 번째로 좋은 침대   32

이토록 황홀한 상상   38

흙 속에 꽃 한 줌   44

외로울 결심   50

읽는다는 것에 대하여   56

멸치의 목소리   62

빛을 먹는 나무   66

스물아홉 번의 탱고   70

이상과 바르셀로나   74

2부

빈방에
저녁이 들다

하루키의 비늘 82

피츠제럴드와 헤맨 밤들 86

내 안에 빈방 하나가 90

남해는 고요하다 94

질투라는 놈을 주의하십시오 100

위풍당당한 삼류작가 104

홍콩을 사랑하는 사람들 110

교토 골목길에 비가 내리면 116

도시의 판타지 122

저리도 곱게 피었네, 동백꽃 128

눈물방울 변주곡 134

체호프 식 또는 셰익스피어 식 138

3부

이토록 사치스런 우울

영원한 불확실성의 확실성　　144

태양의 후예는 혼자였다　　148

릴케의 비가에 접속하다　　152

무릎에 앉힌 아름다움　　156

목 조르긴 매한가지　　160

음악이 먼저 시가 먼저　　164

당신의 이마 위로 가냘픈 햇살이　　168

아침꽃 저녁에라도　　172

카프카의 엽서 한 장　　176

아내의 남자를 만나러 가는 남편　　180

우울의 소울　　184

당신을 사랑하지 않는 날이 올까　　188

4부

**작별에의
초대**

낯선 침대에서 잠들다   194

프로이드 식 아침 식사   198

서릿발 속 시금치   204

너 어찌 봄꽃 떨어지듯이 후드득   208

달로 가는 기차역에서   212

하도리 바다에서   216

설마, 그렇다   222

옛 문장이 꽃잎처럼 흩날린다   226

랄리벨라 이야기   232

시간, 빛깔, 몽상   238

책 밖에서 책을 말하다   242

에필로그   248

찾아보기   254

1부

낯선 골목을 걸을 때

리스본 골목에서 그가 기다린다

포르투 와인 한 잔에

아말리아 로드리게스의 〈어두운 숙명〉을 들으며

읽는 책.

파스칼 메르시어, 『리스본행 야간열차』, 전은경 옮김, 비체, 2022.

'추리소설' 하면 떠오르는 이름이 있다. 애거서 크리스티. 그리고 그 이름에 따라오는 『오리엔트 특급 살인』. 기차 안에서 벌어지는, 그야말로 흥미진진한 스토리다. 책이든 영화든 어느 것을 보든지 아쉬움이 남지 않을 만큼 스토리 구성이 독특하고 재미있다. 작가 자신이 대표작으로 꼽은 이유가 '새로운 플롯 아이디어'라고 했을 정도다.

〈리스본행 야간열차〉는 어느 휴일인가 제목만 보고 고른 영화이다. 물론 원작자의 이름도 몰랐다. 킬링 타임으로 적당한 것 같아 리모콘을 누르면서도 『오리엔트 특급 살인』의 아류인가 싶어 잠시 망설였다.

나는 달려드는 일 속에서 피로를 풀고 싶거나 잠시 달콤해지고 싶을 때는 TV로 영화를 본다. 무작정 내린 정거장에 앉아 느슨하게 기찻길을 바라보듯이……. 이건 영화관에서 관람하는 것과는 다른 무드이다. 영화관 관람은 약간의 일 느낌이 섞여 있는 데에 비해, 텔레비전으로 보는 것은 마치 낡은 러닝셔츠를 입은 것처럼 편안하다고 할까. 게다가 냉장고를 털어서 치즈 몇 조각에 새우과자, 과일 약간, 그리고 차디찬 맥주를 꺼내 놓으면 더할 나위 없다. 질주하는 삶의 가속도에 멀미하는

'나'를 등 두드려주는 강력 피로회복제이다. 물론 영화관의 팝콘을 이길 수는 없지만.

스위스 베른에서 태어난 파스칼 메르시어Pascal Mercier는 독일 최고의 철학부문 에세이에 수여하는 트락타투스 상을 수상한 작가이다. 에세이 『삶의 격』으로 큰 상을 받았다는 말에 괜히 마음이 가까워진다. 그가 쓴 소설을 스크린에 옮긴 영화를 보다가 주인공들이 말하는 언어들이 좋아서 원작자의 책을 찾아 읽게 되었다.

액자 식 구성의 틀을 가진 이 소설의 화자로 나오는 그레고리우스는 세계, 우주, 하늘 등의 뜻을 가진 '문두스Mundus'라는 이름으로 불린다. 그는 걸어다니는 사전, 파피루스라 불리는 고전문헌학자다. 건조하면서도 창조적인 이 남자의 삶을 바꿔놓는 사건이 어느 날의 아침에 시작된다. 그 문제의 '8시 15분 전'. 한 포르투갈 여자가 달려와 그의 이마에 싸인 펜으로 숫자 몇 개를 적는다. 이 사건으로 언제나 똑같던 그의 일상이 요동치기 시작한다.

그 첫 흔들림은 알메이다 프라두Almeida Prado의 『언어

의 연금술사Um Ourives das Palavras』라는 책 한 권에서 시작된
다. 책 속에 들어 있는 책이다. 그레고리우스가 서점 주
인에게서 포르투갈어 제목을 듣고는 "조용하고 우아한,
지나치게 번쩍이지 않는 은" 같다고 표현하기에, 나도 가
만히 소리 내어 읽어보았다. 마지막 단어들이 's'로 끝나
발음에 운율이 느껴진다. 이어 책 내용을 번역해 들려주
자, 그는 '귀에 들리는 소리가 온몸을 마비시키는 것 같
고, 그 글은 오직 자신만을 위해, 이날 아침 8시 15분 전
의 시간을 위해 쓰였다'고 생각한다.

주인공 프라두보다는 화자인 그레고리우스가 더 마음을 당긴다. 그가 라틴어를 좋아하는 이유가 근사하다. "문장들이 과거의 모든 침묵을 자기 안에 품고 있고, 대답을 강요하지 않고, 소란스러움에서 떨어져 있어서 좋다"는 그의 생각에 매료된다. 문득 라틴어 성경을 펼친다. 어느 신부님께 선물받은 성경이다. 혀가 자꾸 꼬이고, 발음이 제멋대로 휘돌아간다.

다시 프라두의 글을 천천히 읽는다. '늘 똑같은 언어' 때문에 혐오감과 구역질을 느낀다는 대목에서 고개를 크게 끄덕인다. 며칠 째 "소름이 끼치도록 낡고 평범하며, 수백만 번 사용하여 닳고 닳은 쓸데없는 수다"같은 언어에 프라두처럼 질리고 지쳐가는 중이었는데, 나만 그런 게 아니라는 사실에 자못 위안을 받는다. "독재가 하나의 현실이라면, 혁명은 하나의 의무"라며 독재자 살라자르에 대항한 시인이자 신비주의자 프라두! 그 긴박하고 흥미진진한 이야기가 페이지를 술술 넘겨준다.

리스본. 세 번 가봤으나 여행객이라 이 책에서처럼 야간열차는 타지 못했다. 이제 어디서라도 기차를 타게 되면 나는 두리번거릴 것 같다. 평생 짐작조차 못한, 확실하지 않은 미래를 향해 가는 그레고리우스를 찾느라고. 기차만큼 책 읽기에 좋은 곳은 없다는 책 읽는 여자를 만나려고. 인생은 우리가 사는 그것이 아니라 산다고 상상하는 그것이라고 말하며 웃는 프라두와 악수하려고.

리스본의 어느 좁은 골목길, 약간 어둡고 희미한 바 스탠드에서 파두를 듣고 있는 한 여자를 발견한다. 파두는 어두운 열정을 가슴에 품은 중년의 여자 같다. 아무도 모르는 곳에서 홀로 한잔하는 기분이 만만치 않다. 저기 술친구가 걸어온다. 그, 혹은 그녀가.

짧은 만남은 순간이라서 황홀할 것이다. 미래를 약속하지 않는 관계란 비밀을 동반하고, 언제든 사라져버릴 수 있다는 특권이 있다. 서로를 모르는 채 대화를 나누는 일에 아직은 눈이 반짝거린다. 상상의 눈은 술잔 안에 내리고……

눈물의 색깔

영국의 인기 과일주 '사이더cider'와 함께

엔니오 모리꼬네의 〈칼리파 부인La Califfa〉을

들으며 읽는 책.

한강, 『눈물상자』, 봄로야 그림, 문학동네, 2008.

한강의 어른을 위한 동화『눈물상자』를 읽는데, 마음이 점차 편해지더니 고요히 가라앉기 시작한다. 겨우내 얼었던 살얼음을 녹이며 그 밑으로 다소곳이 흐르는 봄의 물소리처럼 생명력이 느껴진다.

"갓 돋아난 연둣빛 잎사귀들이 햇빛에 반짝이거나, 거미줄에 날개가 감긴 잠자리를 보거나, 키우던 개가 열 시간의 진통 끝에 새끼 여섯 마리를 낳을 때"에 우는 특이한 아이가 주인공이다. 만나면 한번 꼬옥 안아주시길.

평생 울지 못한 한 노인이 눈물을 얻어 기쁨과 슬픔의 눈물을 쏟아내는 장면이 인상적이었다. 기쁠 때에 기뻐서 실컷 울고, 슬플 때에 비통어린 눈물을 맘껏 흘릴 수 있는 것도 축복이라는 걸 다시금 깨달았다. 세상만사가 당연한 것은 없다. 모두가 감사한 일이다.

사실 '순수한 눈물'을 단순히 깨끗한 순정_{純情}의 물로 생각했는데, 모든 뜨거움과 서늘함, 가장 눈부신 밝음과 가장 어두운 그늘, 강인함, 분노와 부끄러움, 더러움도 피하거나 두려워하지 않는 것이었다. 눈물에 어린 빛깔들로 복잡해지는 어느 한 순간, 순수한 눈물이 된다는 작가의 생각이 나의 눈물에 단박 닿았다.

나는 그녀가 등단한 이후에도 한참 동안을 소설가 한승원의 딸로 기억했다. 그저 한강이라는 이름이 좋았다. 그러다 어느 날인가부터 아버지의 그림자에서 나와 자기의 땅에 단단하게 서 있는 글들을 보며 놀랐다. 새 책이 나올 때마다 독서회에서 읽고 이야기를 나누었다. 더러 낯설고 삼키기 힘들 때도 있었지만, 그렇게까지 쓰는 작가 내면의 힘이 압도적이어서 무섭기까지 했다. 그녀는 소설, 시, 동화를 가리지 않고 쓰고, 작곡에다 노래까지 부른다. 고요한 열정으로 장르의 경계 없이 손이 가는 대로 자유로이 쓰는 모습이 아름답다. 자유로움은 무슨 색깔의 눈물일까.

나는 어려서 울음 끝이 질긴 아기였다. 두고두고 흉잡힐 만큼이나. 아니 온 세상에 대한 반응을 '울음'이라는 단 하나의 언어로 표현하려니 길 수밖에. '작가 아기님'이 그 신기한 첫 만남을 뭐라뭐라 쓰는데, 그냥 '울보'라고 별명만 짓고 놀리니 서운했겠다.

'아가야, 괜찮다. 작가가 되느라고 그런단다. 서운한 눈물은 보라색일지 몰라.'

'눈물'이란 말을 생각하니 제일 먼저 오스카 와일드의 동화『행복한 왕자』의 눈물이 떠오른다. 어찌 그토록 이타적인 존재가 있단 말인가. 어린 마음에도 다 벗어주고 떼어주어 아무것도 남지 않은 왕자를 상상하면 가슴 한 가운데가 아려왔다. 나는 이 한 편의 동화로 '진정한 눈물'이란 말을 배웠다. 동화는 단순하지만, 어른이 되어서도 마음에 길게 남아 있다. 투명한 눈물 색깔이다.

또 엔디 워홀과 함께 미국의 팝아트를 대표하는 로이 리히텐슈타인의 〈행복한 눈물〉을 지나칠 수는 없다. 오래된 만화책에서나 봄직한 이미지의 그림이다. 사람들은 작품 자체보다는 이런 것이 수십 억대를 호가한다는 데에 더 충격을 받았던 모양이다. '비싼 현대미술'의 대명사. 그만한 가치가 있는지 모르겠지만, 나는 이 우스꽝스러운 눈물에서 '물질문명의 공허함'을 보았다. 과장과 과대의 색깔은 무엇일까.

영국 여행 중 '테이튼 모던' 갤러리에서 만 레이의 책을 보았다. 단지 6.95파운드. 책이 작아 얼른 집어 들었다. 옆에 크고 좋은 책이 많았지만, 여행 중엔 무거운 책 구입은 절대 금지이다.

표지에 나온 사진은 대표작인 〈눈물Tears〉이다. 여인의 눈에서 나오는 눈물이 또르르 구를 것만 같다. 구슬 같은 느낌의 눈물이랄까.

만 레이는 여성의 몸과 바이올린의 유사성을 표현한, 세계에서 제일 비싼 사진 작품인 〈앵그르의 바이올린〉의 사진작가이자 미국의 초현실주의와 다다이즘 미술가이다. 최고가에 대한 논쟁은 부자들의 영역이고, 우린 단순히 솔직하게 보고 느끼면 된다. 그의 눈물은 감각적이다. 인위적인데 자연스럽다.

눈물이 말을 한다. 말을……

빗방울의 이름들

아이리시 커피 한 잔에

B. J 토마스의 〈Raindrops keep Falling on My Head〉를

들으면서 읽는 책!

파리 리뷰, 『모든 빗방울의 이름을 알았다』, 이주혜 옮김, 다른, 2021.

독서회에서 토론할 책을 찾다가 우연히 발견했다. 「파리 리뷰The Paris Review」라는 잡지도 새로웠고, 책을 들춰보니 낯선 작가들의 이름이 많아 무작정 결정했다. 물론 저 아름다운 제목에서 이미 마음이 반은 넘어간 탓이지만…….

레이먼드 카버나 호르헤 루이스 보르헤스처럼 유명한 작가들도 있지만, 아주 적게 실렸거나 아예 소개된 적이 없는 작가들이 위주이다. 저 존재조차 몰랐던 다른 세계의 작가들을 알게 된다는 사실에 금세 미지의 세계를 탐험하는 기분이 된다. 「파리 리뷰」는 '작가들의 꿈의 무대'라 불리는 미국의 문학 계간지이고, 타임지로부터 '세상에서 가장 강한 문학잡지'라는 격찬도 받았다. '문학실험실'이라는 별호가 붙어 있다.

하지만 이런 것보다는 작가의 경력이나 출신국, 성별, 장르에 얽매이지 않는 자유로운 편집을 한다는 말에 매료되었다. 가장 성공한 작품만을 모은 게 아니라, 잘 쓰기만 하면 언제든지, 라는 시선에 마음이 둥둥거린다. 책을 넘길 때마다 설렌다.

"이야기를 쓰는 방식이 하나뿐이라고 생각하지 않습

니다. 한 가지 운동이나 학파만을 신봉하지도 않습니다. 언어에는 한계가 없습니다. 모두 자신만의 규칙과 방식으로 이야기를 풀어나간다고 믿습니다."

편집자들의 말이다. 든든하다.

책을 이야기하는 시간. 흔한 말로 돈이 생기는 것도 세상이 바뀌는 것도 아니지만, 우리는 독서회에서 책에 대해 두 시간 동안 진지하게 토론한다. 내 안의 영혼이 조금씩 눈을 뜬다. 그래, 오늘 읽은 책 속의 글들과 문장들이 마음 밑바닥에 깊이 가라앉아 있다가 어느 날 튀어나오겠지. 어떤 형태로든…….

생의 기쁨은 이렇게 한 권의 책에서도 나온다. 이 책 안에는 15편의 짧은 단편들이 들어 있는데, 생각이 길게 붙어 있다. 사방으로 생각이 마구 뻗어나간다. 얼핏 이해가 잘 안 되는 작품도 있다. 다행히 함께 이야기를 나누다 보면, 서서히 그 안개가 걷히긴 한다. 좋은 건 늘 만만치 않다.

왜 이해하기가 어려울까 생각했다. 대답은 간단하다. 낯설어서. 다만 그 이유뿐이다. 우리가 한국 문단에서 아니 한국 출판사에서 출간하지 않아 볼 수 없었던, 이 세상에 존재하는지도 몰랐던 전혀 익숙하지 않은 동네의 작가들이라서 그럴 뿐이다. 그런 목소리를 내는 노래를 태어나 한 번도 들어본 적이 없어서 잠시 주춤거려진 것이다.

그렇다고 미리 피할 필요는 없다. 좋은 작품이 너무 많으니까. 모르겠으면 일단 페이지를 넘기고, 나중에 다시 보면 된다. 아니면 서로 전화해서 이야기를 나눠보자. 만나서 차 한잔하면서 토론하면 더 좋고. 빗방울마다 하나씩 이름을 붙여주면서…….

"문장과 문장 사이를 헤매다 막다른 길을 만나기도 하고, 처음 보는 꽃이 만발한 벌판을 만나기도 한다."라고 쓴 옮긴이의 말이 그야말로 더할 나위없다.

특히 내가 좋아하는 리디아 데이비스Lydia Davis의 「플로베르가 보낸 열 가지 이야기」를 앨리 스미스Ali Smith가 평한 말이 기억에 남아 있다. "이 작가는 문장 몇 줄로 우주를 전달한다."

문장 안에 우주가 들어 있듯 삶의 자국이 물방울에 비춰질까. 물방울이 머리 위로 떨어진다.

앗, 비로군!

두 번째로 좋은 침대

발칸의 장미로 만든 차와 함께

박완의 〈이태리 정원〉을 들으며 읽는 책.

캐롤 앤 더피, 『세상의 아내』, 김준환 옮김, 봄날의 책, 2019.

작가들은 참 기발한 상상도 잘한다. 더피는 뭘 하다가 이런 기찬 발상의 세계로 들어갔을까. 삶이 지루하고 또 지루해 종내는 별별 생각을 다 하다가 떠오른 걸까. 아니면 원래가 특이한 사람이었던가. 그녀가 양성애자라는 말을 덧붙이고 싶지는 않다. 스코틀랜드 글래스고 출신의 계관시인이란 이력을 잊어도 좋겠다. 그녀는 그 존재만으로도 충분히 매력이 넘치니까.

글래스고의 골목길을 캐리어를 끌고 걸어갔던 기억이 난다. 대낮인데도 어두워 '회색의 도시'라는 인상이 깊게 남아 있다. 나는 글래스고에서 에밀 졸라의 동명 소설로 만든 영화 〈제르미날Germinal〉을 생각했다. 어느 날 아침, 에밀 졸라는 자기 입에서 우연히 흘러나온 '제르미날'이라는 말이 마치 작품 전체를 비추는 햇살 같았다고 말한다. '배고픔과 반란'을 상징하는 혁명의 울림이 든 언어이다. 다른 나라 이야기인데, 왜 하필 그 영화가 떠올랐을까. 알 수 없는 내 안의 제 마음대로 선긋기이다.

캐롤 앤 더피Carol Ann Duffy는 시의 단어에서부터 형식까지 다양한 실험을 했다. 성과 인종, 계급의 폭력적인 구조로 인해 소외된 사람들에게 공감적 상상력으로 소통의 문을 열어주었다는 평가를 받았다.

그녀는 놀랄 만한 작품 『세상의 아내The world's wife』에서 서른 명의 아내들을 불러낸다. 자신의 목소리를 내지 못한 여성들이다. 시간과 공간뿐만 아니라 현실과 가상을 넘나들면서 '여성의 시각'에서 인생 이야기를 다시 쓴다. 더는 남자 시인의 뮤즈로 머물지 않는다. 남성의 욕망 앞에 침묵을 강요당하는 여성은 없어야 한다고, 자신의 욕망과 분노 등을 적극적으로 표출하라고 말한다. 이제 세상의 모든 아내들은 자신의 세상을 제대로 살거나, 과감히 버리거나, 자유롭게 외친다.

앤 해서웨이Anne Jacqueline Hathaway는 영화 〈악마는 프라다를 입는다The Devil wears Prada〉로 유명해진 배우이다. 영화 〈비커밍 제인Becoming Jane〉에서 제인 오스틴을 연기했는데, 영국인 최초의 사실주의 작가를 잘 표현해 이 배우를 좋아하게 되었다. 올해로 탄생 250주년이 된 제인 오스틴은 평생 독신으로 살면서 일생동안 단 여섯 권의 책만 집필했는데, 나는 그중에서 『오만과 편견Pride & Prejudice』

과 『엠마Emma』가 재미있었던 기억이 난다.

똑같은 이름을 가진 여자가 있다. 셰익스피어의 아내 앤 해서웨이Anne Hathaway(1556~1623). 또 이상한 줄긋기이지만, 기억하기엔 딱이다. 1582년, 8세 연하인 18세의 윌리엄 셰익스피어와 결혼한 여인이다. 셰익스피어는 그녀에게 "나의 두 번째로 좋은 침대를 준다"는 유언장을 남긴다. 그녀는 그 많은 희곡들이 둘이 함께했던 '이 침대에서 만들어진 것'이라서 소중하다며 자신이 스스로 재해석한다.

"침대는 작가인 그이의 손아래에 놓인 종잇장. 만지

고, 향내를 맡고, 맛을 보며 연기하던 로맨스와 드라마!
이 두 번째 침대에서 나를 끌어안고 있었듯이, 나는 그
이를⋯⋯."

또 한 명의 놀랄만한 여자가 있다. 무한한 연민을 느
끼게 하는 저 유명한 '시시포스'를 단번에 일 중독자(워
커홀릭)로 만든 아내이다. 거대한 바위를 가파른 언덕 정
상에 올리자마자 밑으로 바위가 떨어지고, 또 다시 처
음부터 돌을 밀어 올리는 끔찍한 형벌을 받은 남편을,
아내는 '불평하는 관점'에서 재구성한다.

뭐라고? 시시포스가 워커홀릭이라고?

작가는 이 '워크work'란 말의 '크' 발음의 이미지를 살
리기 위해서, 이 발음과 동일한 소리를 반복하는 단어
들을 일부러 선택한다. 더피가 언어의 구조에 대해 민감
하게 촉수를 세우고 있다는 걸 보여주는 구절이다.

"언덕 위로 돌을 굴려 올리는 바로 저 사람이야, 얼
뜨기(저크: jerk). 돌 크기가 거의 교회(커크: kirk), 완전 명
청이(버크: berk), 나는 그에게 악랄한 짓도 할 수 있었어,
단도로(더크: dirk)."

난 한 번도 이런 생각을 못했다. 이미 줄이 쳐 있거나 틀이 잡혀진 것을 깰 생각은 애초에 없다. '모두 그대로 둔다'는 상식을 늘 따라다니는 종족이다.

어느 날, 금밟기모임을 결성했다. 드디어 나도 깰 수 있다. 세상의 아내인 나도, 아내의 세상에서 어디로든 건너 뛸 수 있다.

세상의 모든 금을 밟아보자! 금 밟으면 죽는다고? 안 죽어요. 더피의 방법이라면.

이토록 황홀한 상상

불가리아 술 '라키아'를 마시며

조르주 비제의 오페라 〈진주 조개잡이〉를 배경으로

읽는 책.

게오르기 고스포디노프, 『타임 셸터』, 민은영 옮김, 문학동네, 2024.

인간이 기억만으로는 충분하지 않다고 깨달을 때 글쓰
기가 나타난다.

— 『타임 셸터』, 408쪽.

나는 SF 영화에 약하다. 참고 참아 한 시간이 한계
다. 우선 거짓말 같아 잘 믿어지질 않는 데다가, 과학적
지식의 절대 부족으로 과학적 상상의 세계는 여전히 저
만치의 거리에 있다. 요즘 외화 드라마 〈삼체〉가 볼만하
다기에 텔레비전을 틀었지만, 마음에 쩍 달라붙지는 않
는다.

어느 날 SNS에서 『나쁜 책』의 김유태 기자가 "인간
이 이토록 황홀한 상상을 할 수가 있는가"라면서, 『타임
셸터』를 '미친 소설'이라고 했다. 그가 그렇게 열정적으
로 말해서 원고를 쓰다 멈추고 다시 찬찬히 읽었다. 그
가 흥분해서 나는 오히려 마음이 가라앉았다.

"시간의 부랑자, 가우스틴… 영원한 과거와 노스탤지
어의 공간인 '타임 셸터'를 구축하려는 욕망"이라는 글
귀에서 나는 결국 인간의 욕망을 본다. 처음엔 작가의
상상력에 솔깃해서 단박 넘어갔다. 절반까지는 빨주노

초파남보 색깔의 포스트잇이 잔뜩 붙었다. 하지만 나머지 반은 하얗다. 읽어나가면서 '무리야 무리. 이런 종류 소설의 한계지. 세월이 흐르고 작가가 바뀌어도 당최 변하질 않네.'라며 혼자 중얼거렸다.

아니 내 생각이 틀릴 수도 있다. 그건 소설의 구성적인 결함이라기보다는 인간 욕망의 파멸 곡선을 그린 탓인지도 모른다. 왜 인간은 적당한 선에서 멈출 줄을 모를까. 그 수많은 책들과 교육을 통해 욕망의 끝이나 구렁텅이가 어떻다는 것을 알았을 텐데, 끝없이 어리석은 행동을 반복하다니……. 나약한 인간이라서? 능력이 넘치는 만물의 영장이라서? 욕망은 미래라서?

게오르기 고스포디노프Georgi Gospodinov는 불가리아 작가다. 날카로운 통찰이 빛나는 유머와 아름다운 문장으로 '동유럽의 프루스트'라 불린다. 2023년 천명관의 『고래』와 함께 부커상 최종후보에 올랐는데, 결국 게오르기 고스포디노프가 이 작품으로 수상했다.

역시 문장이 빼어나 밑줄을 많이 쳐서 책이 지저분하다. 알츠하이머를 앓는 환자들과 가족들에게 '과거의 시간' 속에서 행복과 안온한 평화를 느끼게 하고, 건물각 층을 10년 단위로 재현시킨다는 아이디어는 신선할 뿐만 아니라 경이롭기까지 하다. 어떻게 이런 기발한 상상을 했을까. 가족 중에 혹시 누가 아픈가.

나는 파킨슨 7년차 환자라서 '알츠하이머'에 대해 적잖이 신경이 쓰인다. 게다가 파킨슨의 마지막 예후가 이 병인 경우가 많다고 한다. 혹시 내게도 그런 일이 생기면 타임 셸터를 찾아가야 할지도 몰라서……. 뭘 그렇게까지 생각하냐고 할 수도 있지만, 나에겐 구체적인 삶의 방향이며 현실적인 자구책이다. 그런 상황에 처해 있는 사람들의 마음을 작가는 알았던 것 같다. 책 속에서 알츠하이머 클리닉이 사회적으로 큰 호응을 받는 상황이 자연스럽게 느껴졌다. 왜냐고? 내가 절실하니까.

파리, 베를린, 암스테르담이 젊음을 위한 곳이라면, 스위스는 노년을 위한 장소라고 한다. 아인슈타인의 상대성 이론과 토마스 만의 『마의 산』이 탄생한 곳이다. 게오르기 고스포디노프도 스위스를 떠올리며 『타임 셸터』를 쓴 것 같다. 나도 오래전 스위스 여행에서 토마스 만이 작품의 배경으로 삼았다는 산을 바라보며 가슴 뭉클함을 느꼈었다.

눈을 들어 산을 다시 쳐다본다. 저 앞에 보이는 산 어디쯤에 한스 카스트로프가 있는 걸까. 그는 저 산을 내려오고 싶었던가. 아니면 안개처럼 아득하고 몽롱한 산 속의 요양소에서 이 지상의 모든 책임과 의무, 강요된 삶으로부터 '병-아프다'라는 명목으로 모든 것에 눈을 감고 싶었던가. 잠시 그 안에서 자기의 삶을 정지시키고 그저 생을 단순하게 흘려보내거나, 갖가지의 사상들을 자유롭게 키워나가며 퇴폐적인 데카당스의 달콤함에 젖어들고 싶었는지도 모른다."

─ 이경은, 『아래층 계단의 말』 중 「산에서 들려오는 소리」, 114쪽.

이 수필을 쓰는 내내 머릿속을 떠다니던 말이 생각난다. 소설 속 주인공 한스 카스트로프가 제1차 세계대전이 발발하자, 산 아래로 내려와 참전하러 떠나면서 "생명을 아는 자는 죽음을 안다"고 한 그 말. 그 끝에 나는 이렇게 덧붙인다. 죽음을 느끼는 자는 삶을 사랑한다, 라고.

솔직히 아무리 좋은 곳이라도 나는 '과거로 살고' 싶진 않다. 나는 절대적으로 현재를 사는 인간이다. 과거와 미래는 현재에 매달린 시간일 뿐이라는 생각을 하며, '지금, 바로' 발밑의 삶을 사랑하라던 실스마리아의 니체를 그리워하며 글을 쓰는 작가일 뿐이다.

내 책에는 '기억 상실의 치명성' 부분에 밑줄이 많이 쳐졌다. 사람마다 생각이 다를 테니 밑줄 친 곳을 서로 비교해 보는 것도 흥미롭겠다.

기억이 물러나면 우선은 개별 단어를, 얼굴과 방을, 그다음엔 인생에서 배운 것을, 끝으로 말하고 씹고 삼키는 법을 잊는다. 왜냐고? 누군가가 몸속 '여러 방의 전원을 꺼버린 거'라고 작가는 표현한다. 그렇게 미래가 사라지는 것이다. 순간 "걱정 마!"라고 외치고 싶은 충동에 나는, 몸을 부르르 떤다.

미래가 사라지는 게 두려운가, 그 나이에도 아직 미래에 대한 꿈을 꾸는가, 내 마음이 자꾸 딴지를 건다. 그게 어때서? 나는 미래를 꿈꾸는 현재가 좋아. 돌아다니며 방마다 불을 켤 거야!

내 안의 '나'들이 서로 우긴다. 누구든 이길 것이다.

흙 속에 꽃 한 줌

산토리 하이볼 한 잔에,

카즈미 타테이시 트리오의

⟨Tokyo & Seoul Swing⟩를 들으며 읽는 책.

시와서 산문선, 『꽃을 묻다』, 박성민 엮고 옮김, 시와서, 2022.

대체 누구였을까. 그런 쓸쓸한 놀이를 만든 아이는. 숨바꼭질과 비슷한 이 놀이는 술래가 눈을 감고 기다리는 동안, 다른 한 명이 길가에 핀 갖가지 꽃들을 꺾어 와서 술잔 크기의 구멍에 넣은 뒤에, 유리조각을 뚜껑 삼고는 마지막에 흙으로 덮는 것이다. 그러고는 찾기 시작한다. 사람 대신 '꽃'을 찾는 숨바꼭질이다.

그런데 한 남자아이의 흥미를 끈 것은 바로 '흙 속에 숨겨진 꽃 한 줌의 아름다움'이었다. 작디작은 별천지, 유리가 닿는 손끝의 세계, 마치 꽃밭에 별을 뿌려놓는 것처럼 아름다운 이 환상적인 놀이는 아쉽게도 쓰루라는 여자아이의 장난으로 끝을 맺는다. 상실의 아픔이 허영에 닿아 있다.

아동문학가이자 시인인 니이미 난가치新美南吉가 쓴 「꽃을 묻다」라는 작품의 내용이다. 읽고 나면 손가락이 유리조각에 베인 듯 아리다. 한 편의 동화 같은 수필이 슬픔의 안개로 젖어드는 듯 애상적이다.

이 책은 21명의 일본 작가, 특히 근대 문호들의 좋은 수필들을 엄선해 엮은 것으로, 그동안 만나기 힘들었던 작품들이 가득하다. 물론 보기 드문 수작들이다. 나는 이 수필집을 발견하고 얼마나 좋았는지 모른다. 평생 몰랐을 수도 있었는데, 참 다행이다. 편집자들에게 점심이라도 한번 대접하고 싶은 심정이다. 연락만 닿으면…….

일본 수필은 작가들이 하이쿠가 유행하던 시기의 영향력이 있어서인지 문장이 유난히 미적 감각이 뛰어나고 정제된 압축미가 있다. 마치 긴 하이쿠를 대하는 기분마저 든다. 『꽃을 묻다』라는 아름다운 제목의 책의 뒤를 이어 『봄은 깊어』라는 이름의 책이 연이어 출간되기도 했다.

내가 이 책을 선택한 이유는 나쓰메 소세키夏目漱石: 1867~1916)에 대해 아쿠타가와 류노스케(芥川龍之介: 1892~1927)가 쓴 네 편의 수필과 나쓰메 소세키의 가장 오래된 제자인 물리학자 데라다 도라히코(寺田寅彦,: 1878~1935)의 수필 한 편 때문이다. 「장의기」, 「소세키 산방의 가을」, 「소세키 산방의 겨울」, 「나쓰메 소세키 선생의 일화」, 「나쓰메 소세키 선생의 추억」에서 선생에 대한 두 남자의 애틋한 마음에 눈물 끝이 늘어졌다.

나쓰메 소세키와 아쿠타가와의 인연은 일 년 남짓이었지만 그의 문학적 재능을 소세키는 진심으로 아꼈다고 한다. 아쿠타가와는 오랫동안 선생을 그리워하며 글을 썼다. 도라히코는 소세키의 『나는 고양이로소이다』
에 등장하는 물리학자 간게쓰의 모델이다.

> 나는 지금도 선생이 살아 있다는 느낌이 들어 견딜 수
> 가 없다. (…) 키 작은 반백의 노인이 때로는 편지 위에
> 붓을 놀리기도 하고, 때로는 중국의 시집을 뒤적이면
> 서 단정히 홀로 앉아 있다. 소세키 산방의 가을밤은 그
> 렇게 고요하고 쓸쓸할 것이다."
>
> – 아쿠타가와 류노스케, 「장의기」, 「소세키 산방의 가을」 중에서

행간에 그리움이 절절하다. 나는 누군가에게 이런
수필을 받아 보았는가. 단 한 편도 없다. 강의 시간에 이
런 이야기를 하며, 은근히 수필을 써보라고 강요의 시선
을 보냈다. 서로 한 편씩 상대방을 정해 써주면 어떨까
하는 기발한 제안도 내었다. 철없는 선생과 제자들의 오
후의 시간이 붕붕거린다.

제일 부러운 것은 '목요회'이다. 사람들이 나쓰메 소
세키의 집을 자주 들락거리자, 선생은 아예 '목요일' 하
루를 정해서 그의 서재에서 밤새도록 문학에 대해 이야
기를 나누었다. 와세다 미나미 초에 있던 그의 서재는

지금도 선생의 자랑거리이지만, 쥐 오줌 자국이 보일 정도로 누추한 곳이었다고 한다. 나는 하도 부러워서 우리 집도 단독주택이었으면 목요회 같은 모임을 해보고 싶다고 했더니, "그럼 방을 빌려서 하지 뭐."라고 남편이 말한다. 말이라도 고마워서 배시시 웃어주었다.

허나 누가 올까 싶기도 하다. 바쁜 세상이니 시간 내기가 별 따기인데다, 도대체 문학이 뭐 그리 대단하다고 누옥에까지 와서 밤을 새며 이야기를 나눌 것인가. 밥이 생기지도 돈이 생기지도 않는데, 뭐 하자고 그들을 괴롭히나. 건강 생각해 잠이나 푹 자게 내버려두지, 왜 불러 모으려고 하는가.

밤을 내버려두라. 그대로 고요히 아침을 맞게 하라.

나는, 그래도, 기다리고 싶다.

밤의 빗소리를 혼자 듣기는 아까우니까, 밤을 감싸는 차가운 공기를 폐에 담아 인생의 슬픔을 같이 토해내려고, 한 줄의 글귀에서 우주를 느끼는 순간에 차든 술이든 함께 한잔하려고, 그리고 밤이 아침으로 건너오는 시간을 서로의 가슴에 깊게 새겨두려고……

언젠가 누군가 쓸 글의 꽃잎들을 묻(埋), 는다. 아니 그 밤에 서로에게 묻(問), 는다.

오실 거예요?

외로울 결심

가파도 청보리 막걸리에

카더가든의 〈섬으로 가요〉를 들으며 읽는 책.

유디트 샬란스키, 『머나먼 섬들의 지도』, 권상희 옮김, 눌와, 2022.

그는 지도 보는 것을 좋아한다. 다 큰 어른이 아이처럼 지구본을 사고 싶다고 해서 결국 하나 샀다. 하루 종일 이리저리 돌려 보면서 이 나라 저 나라를 들여다본다. 재미있구나. 그런데 정말 재미있나 싶어 옆에서 흘깃거린다. 세계지도를 보면 가슴이 두근거리고 '꿈'을 꾸게 된다는 그의 말이 마음에 들었다. 결국 같이 사는 최선생의 영향을 받아 나도 지도를 좋아하게 되었다.

예전엔 어디 여행을 가려면 고속도로에서 산 전국지도 책을 펴고 갈 데를 짚어보았다. 아, 저쯤에 있구나. 저 길 가려면 여기도 지나야 하고, 또 근처에 이런 도시들이 기다리고 있다는 걸 한눈에 알았다. 그런데 이젠 교통 앱을 깔아 단번에 해치운다. '들여다보다'에서 '보다'로 순식간에 짧아진다. 설마 생각의 길이도 짧아지는 건 아니겠지? 휴우……. '설마'는 늘 배반의 장미를 품고 있는 언어라는 걸 알면서도, 또 믿는다. 나의 결정적 문제점이다.

『머나먼 섬들의 지도』. 제목이 우선 마음에 든다. 나는 '섬'이라는 말이 들어가면 무조건 약해진다. 고립을 뜻하는 'Isolation'은 라틴어로 섬을 뜻하는 'Isola'에서

유래했고, '섬이 되다'는 의미가 있다. 그러니까 섬이 된다, 는 것은 이미 외롭기로 작정했다는 말일 수 있다. 사람은 원초적으로 외로운 존재라 본능적으로 끌리는 지도 모른다.

이 책을 읽는데 처음엔 황당했다. 정말로 오로지 섬에 대한 작가의 소개 글과 지도만 있다. 이미지의 시대인데 사진이라고는 한 장도 없는, 그야말로 순수한 지도이다. 생각해 보면, 말이 좋아서 순수지 미치도록 답답하다. 단순한 형태의 지도를 보고 있자니, 할 말을 잃는다. 아무리 미사여구로 칭칭 감아 변명하려고 해도 기가 막힌다. 한참을 그랬다. 그러다 어느 날 책을 다시 펼쳤는데, 작가의 글이 눈에 확 들어왔다. 그토록 매력덩어리인 줄은 꿈에도 몰랐다. 그냥 휙 던져놓았는데……. 다 때가 있다. 때는 변함이 없이 그 자리에 있건만, 내가 준비되지 못해 받아들이지 못했을 뿐.

세상으로부터 숨겨져 있어야 할 섬들이 있다. 하지만 인간의 탐욕은 끝내 섬의 울창한 코코넛나무 숲을 거침없이 파괴하고 만다. 그리고 거대한 활주로나 새로운 항만시설 등이 세워지면서 미래의 군사기지로 사용될 것을 암시한다. 외부로부터 들어온 문화와 전염병은 원주민의 고유한 문화의 상실과 질병, 그리고 마침내 죽음을 들여온다.

나는 로빈슨 크루소 섬이 궁금했다. 우리 모두 어린 시절의 가슴 속 꿈같은 동화이지만, 커서 보니 시절의 화두이기도 한 '섬'이다. 잉글랜드 작가 대니얼 디포Daniel Defoe(1960~1731)는 외딴 섬에 표류한 해적 알렉산더 셀커크Alexander Selkirk(1686~1721)가 써내려간 일기를 바탕으로 소설을 썼다고 한다. 최초의 근대 영어 소설이라고도 불리는 『로빈슨 크루소Robinson Crusoe』를 통해 해적 알렉산더는 '전설의 로빈슨'이 되었다.

작가 유디트 샬란스키Judith Schalansky는 '간 적 없고, 앞으로도 절대 가지 않을 55개의 섬들'의 이야기를 이 책 『머나먼 섬들의 지도』에 넣었다. 가본 적도 없는 섬들의 이야기를 능청맞도록 재미나고 매력 있게 쓰는 용감한 여자의 글은 결국 맥주 캔을 따게 만들었다.

별이 총총한 밤하늘을 보며, 뜨거운 한낮의 태양을 향해, 알갱이들이 입안에서 톡톡 터지는 글을 품고 있는 섬들을 본 그녀의 눈동자에 건배!

이야기 하나 더.

캐롤라인제도의 핀지랩에 사는 75명의 주민은 모두 색맹이다. 스토리는 기구하다. 그들 중 몇몇은 깊은 바닷속 어두운 곳의 물고기 떼를 볼 수 있다고 한다. 물고기의 지느러미에 비치는 희미한 달빛을 보고 알 수 있다는데…… 그들 자신의 세계를 흑백으로밖에 못 볼지 몰라도, 그들은 말한다. 색이란 사물의 본질을 보지 못하게 하는 걸림돌이라고.

그래, 색즉시공을 몰라도, 핀지랩 주민들은 이미 몸으로 본질을 보는 것이다. '색'을 좋아하는 나는 오늘, 밤새 반성문을 쓸 예정이다.

내 안의 머나먼 섬은 어디일까.

내가 아는, 혹은 모르는. 아니 알기가 두려워 스스로 금지시킨 땅이거나 그리움에 사무친 시간들이 숨어 지내는 곳, 평생토록 말하지 못한 '고백'들이 눈이 짓무르도록 기다리는 고독한 비밀의 섬.

무엇이든 어쩌랴. 나만의 섬에서 무작정 외로워지자. 외롭기도 어려운 세상에서 밤하늘의 별을 눈이 아프도록 바라보자. 내 이름이 붙은 섬을 찾아서 떠나자.

가자, 가자. 저 머나먼 섬으로.

아무것도 없고, 아무도 발을 들여놓지 않은.
실제로 존재하나 상상 속에서 더 새롭게 태어나는.
지도 한 장 겨우 들고, 혼자 떠날 결심을 하는.

외딴 섬으로 가는 나만의 여행.

읽는다는 것에 대하여

투명한 호박 빛깔의 '시에라네바다 페일 에일'을 마시

며, 베보 발데스의 〈Veinte Años(20년)〉의 음악을 들

으며 읽는 책.

앙드레 케르테츠, 『On Reading』, Norton, First Norton edition, 2008.

책인데, 글이 하나도 없다. 사진만 있는데, 글이 한가득이다. 세상의 모든 구석에서 읽는 소리가 들려온다. 누군가가, 무언가를.

'결정적 순간'의 작가 앙리 카르티에 브레송Henri Cartier-Bresson(1908~2004)은 "케르테츠의 셔터가 찰칵댈 때마다 그의 심장이 뛰는 것을 느낄 수 있다."라고 찬사를 보냈다. 후대 사진가들은 그를 '포토저널리즘의 새로운 길을 열었고, 내밀한 순수성을 잃지 않는 작가'로 평가한다.

나는, 무슨 마음이기에 수많은 대상 중에서 '읽는, 사람'에 시선을 두게 되었을까 생각한다.

문자중독증 군단에 속해 있는 나는 이렇게 사진만 있는 책을 보면 일단 머릿속이 약간 창백해진다. '인디아 페일 에일'을 한잔 마셔야 할까. 페일Pale이라는 말을 동시에 쓰는 '창백함과 맥주'의 알 수 없는 상관관계를 생각하며, 앙드레 케르테츠André Kertész를 펼쳐본다.

헝가리 태생으로 미국 시민으로 귀화한 사진작가. 거울을 이용하여 왜곡된 인체 누드를 찍은 사진도 인상적이지만, 나는 파리의 거리 풍경이나 서민의 생활을 찍은 사진들이 더 친근하게 느껴진다. 인간에 대한 따스한

The Fairy Tale © Estate of André Kertész

시선이 담겨져 있는 것 같아서…….

이 책『On Reading』을 영어 번역자에게 물어보니 '독서에 대하여'라는 게 정확한 번역이라고 알려주는데도, 나는 왠지 '읽는다는 것에 대해'라는 말이 이 책과는 더 어울리는 기분이 든다.

무엇이든 간에, 어디에서든지, 읽는다. '읽는다'는 행위는 인간을 좀 더 나은 세계로 이끈다. 그 세계가 고차원적일 필요야 없지만, 다른 세계를 맛본다는 건 특권이다. 읽는 동안 생각하고, 느끼고, 두 눈을 감고 우주의 시간 속으로 들어갈 수 있으니.

이 책의 가장 처음에 나오는 이미지는 세 소년이 무릎을 맞대고 책을 들여다보느라 등을 구부린 사진인데, 작가가 스물한 살에 찍었다고 한다. '구부린 등'에 책에서 나온 영혼의 날개가 얹혀 있는 듯하다.

1915년부터 1970년 사이에 찍은 사진들이 담긴 이 작은 책은 그의 시그니처 작품집인데, 특히 사진과 문학의 팬들이 이 아름다운 작업의 이미지들을 좋아할 것 같다. 글이 없는 디카 에세이라고 할까. 침묵이 글을 대신한다. 잘 들여다보면 침묵의 희미한 틈 사이로 '생각의 공간'을 찾을 수 있다.

도쿄, 파리, 헝가리, 뉴욕, 지붕 위, 공원 벤치, 시장의 통로, 복잡한 거리, 문 출입구, 골목길 돌계단, 거리의 돌기둥 아래, 집 창가와 소파에서, 다리 위, 연극 뒤 무대, 잔디 위, 그리고 맨 마지막으로 침대 위에서 읽는 모습들을 촬영했다.

상상할 수 있는 모든 곳에서 책을 읽는 사람들의 모습을 보며, 책을 읽는 존재가 내뿜는 고요한 열기에 취한다. 시적인 이미지들이 말을 건다. 글보다 더 글 같은 이미지들로. 가슴에 깊이 박혀 화석화 된 이미지들이 있다.

이제는 사라져버린 동숭동 학림다방 의자에 앉자마자 우는 여자. 소리 내어 울지 않는데도 왠지 울음소리에 슬픔이 그득하고 사랑의 상처가 느껴지는. 코트를 벗고 샛노란 반팔 티셔츠 차림으로 담배 한 대를 꺼내 피는. 시원하고 길게. '담배'라는 사물이 예술이 되는 이미지 한 컷.

낡고 누런 흑백 사진 한 장. 긴 바바리코트를 입고 살짝 옆으로 돌아서서 담배를 피면서 걸어가는. 젊은 내 아버지의 인생과 사랑, 열정, 허무, 슬픔, 고뇌, 시대가 들어 있는. 시간을 넘어서는 이미지 한 컷.

이태리 여행 중에 들어간 서점에서 『신곡』을 집어 들자, 읽을 수 있냐고 묻던 서점 점원의 그 알 수 없는 입가의 미소. 빼앗길까 두려워 얼른 계산하고 훔치듯 품에 안고 나온 책. 들춰볼 때마다 읽지는 못해도 영혼의 소리가 들리는 책의 이미지 한 컷.

이미지가 숨이 되는 시간, 이 지나간다.

멸치의 목소리

소주 한 잔 놓고 멸치 한 번 쳐다보며,

베토벤의 피아노 소나타 〈템페스트〉를

들으며 읽는 책.

김지훈, 『멸치 생각』, 느림보, 2024.

"엄마, 멸치가 고기야?"

엄마는 나를 한번 힐끗 쳐다보더니 한숨을 내쉬며 기가 막힌 표정으로 말했다.

"몇 학년인데 아직도 그걸 몰라?"

어느 날 남동생을 찾으러 갔다가 그 친구네 집 어머님이 밥 먹고 가라기에 털썩 앉았다. 그런데 멸치를 한 옆으로 빼놓는 나를 보며, 고기라며 숟가락 위에 얹어놓아주셨다. "얼른 먹어, 고기야." 순간 어쩔했다. 멸치는 고기인가 생선인가. 나중에 '침대는 가구가 아닙니다.' 라는 광고 때문에 초등학교 시험에서 X자를 써넣었다는 얘기를 들었을 때, 그 당황스럽고 애매모호한 심정이 확 치밀어 올랐다. 그때 목으로 넘어가던 멸치의 그 비릿함에 속이 울컥대고 토할 듯도 했다.

생각해 보면 고기일 것 같기도 하다. 칼슘덩어리라는 점을 떠올려보면 말이다. 국수 국물 내는 데야 최고이고, 잔멸치를 꽈리고추를 넣고 볶는 기술은 숙련공이어야 '겉은 바삭하고 속은 촉촉한' 경지를 살려낼 수 있다. 나는 매번 실패한다. 그리고 생각에 빠진다. 나도 한 요리 하는데 왜 이러지? 겨우 멸치일 뿐인데……

『멸치 생각』의 작가 김지훈이 문화인류학을 공부하다가 조소를 전공한 조각가였고, 그 뒤 다른 일을 하고 살았다는 이력에 크게 이끌리지는 않았다. 그런데 맨 끝에 '멸치를 다듬다'가 글과 그림을 그려 책으로 냈다는 데에 호기심이 단박 일었다.

멸치의 생각을 '들었다'는 걸까, 아니면 '생각했다'는 걸까. 둘 다 있었다. 내가 멸치볶음을 생각하고 잔치국수를 해 먹을 때, 그는 이 책을 내는 멋진 작업을 한 것이다. 그 흔한 멸치를 소중하게 여기고 존재감을 듬뿍 얹었다. 사실 매우 특별한 글은 없다. 오히려 조금 심심하고 평범하다. 그런데 시원한 멸치 국물처럼 맑다. 맑아서 글맛이 순수하게 느껴진다. 그런 순함이 영혼의 음악을 불러낸다고 해도 지나치지 않을 만큼.

햇빛이 들어오는 자리에 홀로 고요히 앉아 읽는 책이다. 오로지 멸치만을 고스란히 생각하며 페이지를 넘기다보면, 고 작은 멸치의 마음에 닿으려 손을 내미는 작가를 만날 수 있을지도 모른다. 문득, 그가 고맙다. 멸치 똥까지 버리지 않고 온전히 아끼는 작가의 심안心眼이 흔들리는 이 혼돈의 공간을 잡아줄 것만 같아서……

시간이 훌쩍 지나가고, 새로운 시간이 성큼 다가오

고 있다. "작은 것이 아름답다"는 에른스트 슈마허의 말을 빌리지 않아도, 작은 멸치를 생각하는 마음이라면 세상이 순해질 것 같다.

"시를 통해 일어나고, 예를 통해 바로 서며, 음악을 통해 완성된다."

『논어』태백편의 이야기가 귀에 울린다. 순順하면 선善해질까.

모든 음악은 베토벤으로 시작해서 베토벤으로 끝난다는 음악계의 전설 같은 말을 생각하며 블루투스를 트는데, 사방에서 은빛 멸치 떼가 튀어 오른다. 음악도 멸치도 위대해지는 순간, 멸치가 몸을 비틀면서 한판 신나게 흔들어댄다.

빛을 먹는 나무

라임이 얹힌 칵테일에

프란츠 리스트의 피아노 곡 〈사랑의 꿈〉을 들으며

읽는 책.

수마나 로이, 『내 속에는 나무가 자란다』, 남길영·황정하 옮김, 바다출판사, 2

"나는 마침내 나무가 될 준비가 되었다."

이 책의 마지막 문장이다. 그녀는 나무가 되길 절실하게 욕망한다. 나무라니, 움직이지 못하는 나무라니. 왜, 어쩌려고 그런 생각을……

김춘수 시인의 시 「꽃」에 나오는 "내가 그의 이름을 불러주었을 때/ 그는 나에게로 와서 꽃이 되었다."가 '꽃'에 대해 시詩를 말하는 것이라든가, 존재의 본질에 대한 철학적 깊이가 있는 작품이라고 했지만, 나는 누군가의 꽃도 나무도 되고 싶지 않았다. 나의 이름이 타인에 의해 불리는 것도 싫었고, 내가 어떤 사람의 꽃이 되거나 남이 내게로 와서 꽃이 되는 것도 싫었다. 청춘의 뾰족한 삶은 사람을 지독히도 뾰족하게 만들었다. 한 편의 시조차 순수하게 받아들이지 못하는 황량한 마음으로 거친 바람의 벌판에 외로이 서 있어야 했다. 그 후로도 오랫동안.

그런데 이 책을 읽으면서 수마나 로이의 마음에 서서히 닿기 시작했다. 나무가 되고 싶어 '나무의 시간'을 산다는 그녀를 통해 나는 생각도 못한 새로운 시각을 갖게 되었다. 혁명적이라고 할 만큼 생각의 전환의 기포들이 올라오는 소리가 음악처럼 들려왔다.

『내 속에는 나무가 자란다』는 마치 성경 속 잠언 같다. 지혜의 근본 같은 책. 어느 페이지를 펴든 보물처럼 깨달음의 문장들이 나를 바라보며 속삭인다. '어서 집어 들어!' 다 읽기 힘들면 일부분만 읽어도 된다.

그녀의 시선 닿는 곳에 내 눈도 따라서 멈추었다. 내 안에 새로운 세포가 하나씩 둘씩 생성되는 순간들을 느끼며 책을 읽어내려갔다. 그녀처럼 나는 '숲(forest)'을 '휴식(for rest)'이라고 생각해 본 적이 없고, 빛을 향한 나무의 갈망에 대해 떠올린 기억도 없다. 나무가 조용히 '빛을 먹는 모습'의 아름다움을 포착한다든가, '그림자는 빛에 생긴 구멍'이라고 표현하는 수마나 로이와 그녀의 문장들에 나는, 매혹된다.

작가가 나무의 시간으로 살기로 결심한 발단은 "브래지어를 입지 않는 나무, 화장하지 않는 것이 부러워서"였다. 와우, 이 신선함이라니! 나도 저 브래지어에 대한 생각이 많았다. 무엇보다 억압이다. 집 밖으로 나서려면, 저놈을 대부분 착용해야 한다. 유난히 이것은 '자유'라는 말과 연관지어지는데, 집으로 돌아와 벗어젖히는 순간 편안한 자유가 느껴진다. 안 하면 되는 간단한 문제인데 그게 왜 그토록 쉽지 않은가.

그녀는 나무의 시간을 살기로 결정한다.

그 누구도 '빨리빨리!' 하라고 나무에게 보챌 수 없고, 시간의 속도에 질리지도 않고, 남편과의 결혼생활이 행복하냐 어떠냐 묻질 않아서, 이별했는지 사별인지 돌싱인지 궁금해하지 않아서, 나무 아래에서는 세속적인 야망을 포기할 수 있어서, 움직이지 않는 것처럼 보이지만 움직이는 나무를 닮고 싶어졌던가.

나무를 닮고 싶다든가 나무 아래 서 있다는 건 세속에서 벗어나 휴식을 취하는 것이다. 나는 반얀트리처럼 시원하고 넓은 그늘을 만들어주는 나무를 생각하다가, 이 책에 나오는 『밀린다왕문경』을 다시 들여다보았다. "나무가 그늘을 드리울 때 자리를 구분하지 않듯이 사람들을 구분하지 말아야 된다."라는 말에 별안간 탁, 하고 어깨에 죽비가 내려쳐지는 걸 느꼈다. 그 뒤에 "인종, 종교, 계급에 상관없이 어떤 사람이든 그림자는 똑같이 생긴다."가 기다리고 있었다.

아, 이 문장을 보게 하려고, 이 책이 내게로 왔구나.

스물아홉 번의 탱고

달콤한 젤라또를 먹으며,

알 바노AI Bano의 〈Felicita(행복)〉을 들으며 읽는 책!

앤 카슨, 『남편의 아름다움』, 민승남 옮김, 한겨레출판, 2016.

단지 단순하고 쓸데없는 이유 때문이다. 무용지용無用之用의 이론을 내세울 일도 아니다. 특이한 제목이 부른 낯선 기쁨도 아니다. '스물아홉 번의 탱고로 쓴 허구의 에세이'라는 점이 나를 이끌었다.

탱고와 에세이. 그 둘의 다리가 '허구'이다. 에세이가 자기를 얘기하는 건데 허구라고 하면 도대체 무슨 이야기를 쓴 걸까. 소설적인 수필? 거기에 탱고를 얹었나? 그렇다면 글들이 격렬한 탱고의 이미지 위로 흘러야 하는데, 이상하게 탱고의 음音들이 흘러가지 못하고 '탱고'라는 문자에 가로막혀 주춤거리고 서성댄다. 피아졸라의 〈리베르 탱고〉 반도네온 연주의 애절한 음들만이 가슴을 지나간다.

"내게 정부가 있어."라며 남편이 수줍으면서도 자랑스럽게 사진 한 장을 내밀던 밤에, 그녀는 "불의 옷을 입고 하늘에서 뒹구는 그런 기분을 느꼈다.(21쪽)"는 페이지를 펴는 순간 한 여자의 고통이 훅 들어왔다.

이런 구절이 들어 있는 앤 카슨Ann Carson(1950~)의 『남편의 아름다움』은 한 여자가 자기 남편의 아름다움에 빠진 이야기이다. 치명적인 너무나 치명적인, 어두운 유혹도 충동적 빠짐도 아닌 '사랑'이다. 화자인 아내가 어린 시절 그 무엇에도 충실하지 못한 한 남자를 만나 사랑에 빠지고, 결혼을 하고, 배신을 겪고, 이별에 이르는 게 겉의 스토리이다. 겉만 봐서는 막장 드라마의 구성이다.

남편의 정부는 씻지 않는 프랑스 여자였지만 남편을 충족시켜 주었다. 아내는 남편의 요구를 충족시키지 못했다. 자신을 다치게 한 남편을 죽을 만큼 미치도록 사랑하는 여자 앞에, 작가는 존 키츠John Keats(1795~1821)의 "아름다움은 진리이며, 진리는 아름다움이다. 이는 그대가 지상에서 아는 모든 것이고, 알아야 할 모든 것"이라 쓴 시 〈그리스 항아리에 부치는 송가〉를 불러낸다. 작가는 예술지상주의자이자 죽을 때까지 오로지 미의 탐구와 창조에 헌신했다는 존 키츠에게 자신의 작품을 헌정하고 싶었던 걸까. 묘비명에 "자기 이름을 물 위에 적은 사람이 여기 누워 있다."고 새겨진 존 키츠. 결핵에 걸려 26살에 요절한 시인의 글이 29장의 서두에 실려 있다. 아프다.

상처는 스스로 빛을 낸다.

상처의 빛으로 붕대를 감을 수 있다는 작가 앤 카슨. 상처는 하나의 정신이 상상을 통해 다른 정신으로 들어가는 길이라는 시인 존 키츠. 난 여전히 당신을 사랑한다는 책 속의 아내. 세 사람의 말이 가슴으로 후루룩 쏟아진다.

　눈을 감는다. 눈꺼풀에 상상을 얹는다. 찬란한 태양 아래 잠자리 날개 같은 옷을 입고, 'Felicita(행복)'의 노래를 들으며 이태리 밀라노 거리를 걸어가면, 발걸음 밑으로 '삶'이 팡팡 튕기며 사방으로 행복이나 기쁨이 분수처럼 퍼져나가리.

　이 순간 누군가를 사랑하는 이여! 행복하소서! 고통의 눈물이 숨어 있더라도. 지금만은, 사랑을.

이상과 바르셀로나

헤밍웨이와 이상이 만나 다이끼리를 마시고,

쇼팽의 〈이별의 노래〉를 들으며 읽는 책.

이상, 『이상, 바르셀로나를 날다』, 지식인하우스, 2020.

"내 차례에 못 올 사랑인 줄은 알면서도, 나 혼자서는 꾸준히 생각하리다."

절절하다 못해 구도자의 모습을 한, 지극한 사랑이다. 〈이런 시〉에 나오는 구절인데, 감성의 촉수를 심히 건드린다. 사실 이 구절은 처음엔 내 눈에 들어오지 않았다. 하지만 다음 시구詩句를 읽었을 때의 감동은 지금도 고스란히 떠오른다.

지금떨어지고있는것이눈(雪)이라고한다면지금떨어진
내눈물은눈(雪)이어야할것이다.

'아, 이런 시도 쓰셨군! 처음 보는 시인데, 역시 나의 이상理想의 이상李箱 님이야.'

내 안의 최고의 시인은 늘 이 분이다. 아직까지는 그의 자리를 넘어서는 시인을 못 만났다. 동서양 통틀어서. 내게만은 그렇다. 시인이, 시의 정신세계가 세상을 향한 도발적인 접속을 주저하지 않고, 저 알 수 없는 미지의 영역에 대한 무한도전을 멈추지 않으며, 그야말로 시공을 자유자재로 넘나드는 미친 존재이다.

나는 그의 언어를 '우주 언어'라 홀로 작명한다. 지구 언어로는 설명이 불가해한 경지이니. 그의 이름에 어울리는 상자를 하나 구해서 보내드리고 싶다. 그 안에 무엇이 담길까 궁금해하며……

제목이 '이상, 바르셀로나를 날다'여서 기대를 했는데, 이상과 가우디와의 연결이 자꾸 끊긴다. 편집자의 말대로 가우디의 도시 바르셀로나와 건축하는 천재 작가 '이상'과 연결시켜 보려고도 했으나, 선이 잘 그어지지 않는다. 사진과 글의 마리아주mariage가 건조한 느낌이랄까. 허나 그들의 탓만이 아니다. 어쩔 수 없다.

이상이라서, 이상이니까, 우리의 이상인데, 무엇으로 그를 이기랴. 그의 강렬한 시를 읽다 보면 아무 것도 눈에 안 들어오니, 아쉽지만 당연한 결과이다. 무엇보다 88편의 시들이 세상을 덮어버리는 이런 존재가 우리나라 시인이라서, 가슴이 부푼다.

너는누구냐…… 너는누구기에구태여닫힌문앞에서탄생하였느냐.

시 〈정식Ⅳ〉의 한 구절이다. 단지 한 문장인데 마음이 복잡해진다. 누구, 구태여, 닫힌 문, 앞에서, 탄생. 마음속에서 글들이 마구 튀어나간다. 특히 '구태여'라는 부사에 나는 놀린다. 이 한 어절의 적절한 위치란 얼마나 놀라운가. 닫힌 문 앞에서의 탄생을 생각하느라 이 한 밤, 또 새워야 할 모양이다.

내가 좋아하는 작품 〈오감도烏瞰圖〉 옆에 〈조감도鳥瞰圖〉가 있구나. 그중, "반드르르한머리카락밑에어째서배고픈얼굴은있느냐…… 저사내는어디서왔느냐"의 저 '배고픈 얼굴'이 가슴을 뭉치게 한다.

자꾸 뭉쳐지다가는, 드디어 멍이 될 텐데……. "나는 아직도 배고프다"는 욕망이 아니라, 허기로 구멍 뚫린 배고픔이다. "찢어진벽지에죽어가는나비"처럼, 혹은 "문을열려고안열리는문을열려고" 하거나, "수명을 헐어서 저당잡히나보다"라더니, 종내는 "죽고싶은마음이칼을찾는다"라는 극단까지 이른다.

어떤 마음인지 알 듯도 하다. 사람이 사는 게 힘들어지면, 홀로 어둠의 계곡을 지나노라면, 죽음이 허락도 없이 쳐들어와서 자기의 시간을 움켜쥐고 희롱하는 꼴을 두 눈으로 보고 있자면, 누구나 할 것 없이 저런 심정이 되리라. 이상은 고통과 외로움의 깊은 계곡을 지나다가, 하늘 위를 뚫고 날아가는 희한한 상상의 세계에서 위로를 받았는지도 모르겠다. 이카루스의 날개는 태양에 녹았지만, 이상은 자기의 날개를 벗어두고 왔을까. 제 겨드랑이에서 깃털을 하나씩 빼어서…….

이 책 안에는 그동안 잘 못 보았던 시들이 가득하다. 이상의 고독, 죽음 앞에 서 있어야 하는 두려움, 사라져가는 폐를 두 손으로 들고 있는 황당함, 당혹스러울 만큼의 절대 자유. 한 여름 뜨거운 더위에 머리가 붙어버릴 것 같을 때, 자유의 나비 같은 이상을 품고 날자, 날아보자.

독자들의 항의로 중단된, 모더니즘의 극치인 연작시 〈오감도〉. 그 시대에 이미 언어만으로 건축기법을 응용해 시적 이미지를 창출해 낸 놀라운 상상력과 날카로운 예지에 나는 마구 쓰러진다.

동숭동의 '오감도' 카페가 그립다. 지금은 모두 사라져버려 흔적조차 없는, 기억마저 희미해진 그 그림자가.

아, 27년은 너무 짧습니다!

먼지는 조금 많지만, 이 지구를 좀 더 사랑하기가 그렇게 어려웠던가요?

2부
빈방에 저녁이 들다

하루키의 비늘

사케에 청어구이를 먹으면서

재즈 〈Shinjuku twilight〉을 흥얼거리며 읽는 책.

무라카미 하루키, 『잡문집』, 이영미 옮김, 김영사, 2011.

글의 서두를 무엇으로 시작할까 잠시 생각했다. 재즈? 글? 메시지? 인사말? 그의 잡학적 지식? 이토록 매력적인 책에 대한 찬사? 수식어가 줄줄 따라 나온다.

나는 이 말을 건네기로 한다. 세상사에 소소하게 또는 잡다한 호기심이 많은 사람에게 어울리고, 특히 글을 쓰는 작가들에게 권한다고. 한 사람의 일상이 주는 기쁨을 충분하게 느낄 수 있는 책이라고.

사실 나는 하루키와 잘 사귀질 못했다. 남들이 좋다는데 가슴에 쉽게 와 닿질 않아 낯설었다. 그러다 이 책을 발견했다. 이런, 이토록 매력이 넘치는 책을 모르고 있었다니. 나는 단박에 그에게 가까이 갔다. 이제야 그의 해변에 서서 바라본다.

자질구레한 잡문이라지만 나에게는 하루키의 '비늘'이다. 그 비늘이 싱싱하다. 겨드랑이에 숨겨진 날개가, 인간적인 호흡이 페이지마다 튕겨 나온다. 참 오래도 걸렸다. 그래도 잃어버리지 않고 버틴 덕에 접안接岸했으니 다행이랄까. 한 명의 작가를 이해하는 일이 세상을, 우주를 만나는 것만큼이나 어려울 줄 미처 몰랐다. 작가도 독자도 둘 다 버텨야 가능한 일이다.

하루키는 이십 대 중반에 자신이 번 돈과 친척 돈을 빌려 도쿄에 조그만 재즈클럽을 열었다. 그곳에서 7년 간 일을 한 이유가 '아침부터 밤까지 재즈를 들을 수 있었기 때문'이라는데, 그 답변이 근사하다. 그런 마음을, 무언가에 대한 탐닉마저도 성실하고 진지하다면 무조건 믿어주고 싶다. 최소한 7년은.

무엇보다 '음악'에 시선이 맞추어져 있는 게 마음에 든다. '음악을 아는 작가라면 어딘가 감성의 촉이 다르겠군.' 나의 편애가 또 무작정 등장한다. 만약 음악에 빠져들지 않았다면 어쩌면 소설가가 되지 못했을 거라면서, 지금도 소설 창작의 방법론을 음악에서 배운다는 작가가 이 세상에 몇 명이나 될까. 그 말만으로도 무조건 통과이다.

"새로운 음은 어디에도 없어. 어떤 음에다 의미를 두면 다르게 들리지. 그때 진정으로 그 의미를 담은 음들을 주워 담는 거야."라는 재즈피아니스트 텔로니어스 몽크Thelonious Monk(1917~1982)의 말을 하루키는 이렇게 변용한다. "그 어디에도 새로운 말은 없어. 지극히 예사로운 평범한 말에 새로운 의미나 특별한 울림을 부여하는 게 우리가 할 일이야."

영화 〈닥터 지바고〉를 '쇠 다리미'로 셔츠를 다리는 씬으로 기억하는 그의 모습에서, 알폰소 쿠아론Alfonso Cuaron 감독의 〈위대한 유산〉을 '분수에서 물을 먹는' 장면으로 기억하는 쭈뼛한 내 어깨가 가벼워진다. 그 단순한 무심이 서로 통하다니, 별일이다. 소소한 글들 속에서 재즈가 들려와 몸을 슬쩍 흔들어본다. '잡학'의 묘미가 펄떡댄다. 싱싱하다.

청어를 좋아한 그를 생각하며 농수산물 시장을 가야 할까, 청어구이 집을 찾아내야 할까, 숙주나물로 만드는 하루키 요리를 해볼까 고민되는 나른한 오후이다.

피츠제럴드와 헤맨 밤들

아메리칸 위스키 한 잔과

샘 쿡의 〈A Change is Gonna come〉를 들으며

읽는 책.

스콧 피츠제럴드, 『무너져 내리다』, 김보영 옮김, 이소노미아, 2020.

한 권의 책을 언제 어떤 상황에서 읽느냐에 따라 보는 시각이 달라지는 것 같다. 마치 한 작가의 작품 중에서도 무슨 책을 보았느냐에 따라 평가의 잣대가 달라지듯이…….

내가 본 것과 느낀 것이 다가 아니라는 걸 깨닫는 데 시간이 꽤 걸렸다. 보물찾기는 늘 보이지 않는 깊숙한 곳에 감추어져 있어서 한참을 두리번거려야 하니까. 이 책이 그랬다. 아, 한때 잘나가던 자신만만한 작가였는데, 어려서부터 두각을 나타내어 17세에 프린스턴대학에 입학한 미남이고, 그만큼 자아가 강했다는데……. 도대체 무슨 생각으로 책의 제목을 이렇게 붙였을까. 무너져 내리다(The Crack-Up, 1936).

술과 여자에 약했던 남자, 스콧 피츠제럴드F. Scott Fitzgerald(1896~1940). 지금이야 1920년대 미국의 재즈 시대를 대표하는 작가로 알려져 있지만, 그는 사랑하는 젤다와의 결혼 이후 내내 '돈'에 시달렸다. 앨라배마 주 대법원 판사의 딸이라는 이름이 이 문제를 해결해 주는 건 아니었다. 남편이 아무리 벌어도 아내가 앞뒤 없이 써대는 소비의 속도를 따라잡지 못했고, 부부의 알코올 의존도만 하염없이 늘어갔다.

솔직히 피츠제럴드의 소설을 좋아하는 편은 아니다. 『위대한 개츠비The Great Gatsby』의 인상 때문일까. 내용이 몽롱하고 희뿌옇게 흘러가는 느낌이 나와는 맥이 닿지 않는다고 단정지었다. 하지만 헤밍웨이는 "나비의 날갯짓이 만들어낸 먼지의 무늬만큼이나 자연스러운 재능을 가졌다."며 찬사를 보냈다. 나의 수필집 『가만히 기린을 바라보았다』에 이 찬사의 말을 인용했던 기억이 난다. 묘사가 얼마나 세밀하기에 저런 평이 나왔을까.

오늘, 나는 이 한 편의 에세이에서 그 '무늬'를 보았다. 바로 '문장'이다. 작품 전체에 거의 밑줄을 치며 읽었다. "한때 내게도 심장이 있었다는 사실, 그것만이 내가 확신하는 전부였습니다."로 시작되는 글귀부터 "모든 삶은 무너져가는 하나의 과정이라 할 수 있으며, 그 충격은 순식간에 번뜩 깨닫게 된다."라는 문장이 무작정 들이닥쳤다. 무엇보다 다음 말이 아렸다. 손이 베인 듯.

"마흔아홉을 십 년 앞두고 갑자기 내가 '이미' 무너져 내렸음을 깨달았습니다."

단편들을 저술하기 시작한 1919년 무렵부터 소설 『낙원의 이쪽』(1920)의 성공에서 이 에세이를 연재한 1936년까지 17년 중 1년은 '일부러 빈둥거리고 쉬면서'

미래의 삶을 낙천적으로 기대했다. '49세까지는 괜찮을 거야. 그건 확실해. 나처럼 사는 사람 정도라면……' 그러나 삶은 이미 무너져 내렸다. 알코올 중독 치료를 받아야 할 지경의, 금이 간 접시였다. 새벽 3시에 밤을 헤매는 그의 영혼은 자아가 붕괴되고 죽어가는 것을 마지못해 바라보았다. 극심한 고통 속에서도 그는 '생각'을 한다. 그리고 처절하고 용감한 '고백'을 한다. '문학적 양심'에 대하여. 아, 그의 심장은 여전히 살아남아 불을 지키고 있었다.

"내 자신의 문체가 있는데도 글쓰기가 잘 풀리지 않을 때면 누군가의 문체를 모방하고자 하는 '끔찍한 유혹'이 자꾸만 고개를 들곤 한답니다. (…) 허나 모름지기 최고의 지성을 지닌 사람이라면 그런 생각이 들어도 '꿋꿋하게' 버텨야 합니다." 이런 고백은 결코 쉽지 않다. 위대한 작가는 소금의 짠맛을 잃지 않는다.

1920년대를 풍미한 피츠제럴드는 애인의 집 의자에서 쓸쓸하게 죽었다. 영화 〈대부〉의 마지막 장면이 오버랩 된다. 마당 한 가운데 의자에서 말론 브란도가 생의 마지막 고개를 떨구던 그 허무하고 알싸하던 라스트 신의 여운이 아직 남아 있는데……

내 안에 빈방 하나가

위스키의 향이 남은 하이볼에

몬테네그로의 기타리스트 밀로쉬 카라다글리치의

'Sonata in D Minor K. 32'를 들으며 읽는 책.

마크 스트랜드, 『빈방의 빛』, 박상미 옮김, 한길사, 2016.

애드워드 호퍼Edward Hopper(1882~1967)에 관한 책들이 넘친다. 나도 몇 권을 샀다. 그중 이 책이 마음에 든 것은 저자 마크 스트랜드Mark Strand(1934~2014)가 열 네 권의 시집을 낸 시인이고, 미술 산문을 썼다는 단순한 사실 때문이다. 시인의 산문이다.

고백컨대, 나는 시인이 쓴 산문은 잘 읽지 않는다. 문장에 과도한 감정이나 묘사가 많이 실리기 때문에 산문의 맛이 흐려지기 쉬워서이다. 혹시나 하고 읽지만 성공한 적이 드물다. 그래도 포기하지 않고 드문드문 읽는데, 가끔 정말 좋은 글이 있기 때문이다. 시의 분위기가 산문에 잘 배어들어 절정을 이루는 작품을 보면 존경스럽고, 수필에 대한 나의 무작정한 편애가 맥을 못 추는 것을 보는 재미도 쏠쏠하다.

마크 스트랜드는 호퍼의 그림을 '현실이 드러내는 모습을 넘어서는 작품'이라고 평하면서, 감각이 지배하는 '가상공간'을 이야기한다. 책의 주제를 '공간을 읽어낸다'로 잡은 게 탁월하게 느껴진다. 평면의 그림에서 공간을 붙드는 그의 시선도 놀라웠지만, 무엇보다 책의 제목을 호퍼의 작품 제목들 중에서 '빈방의 빛'으로 잡은 게 제일 맘에 들었다.

빈방에, 빛이라니.

이 빈방의 빛을 가장 잘 드러낸 작품이 〈바다 옆의 방〉과 〈빈방의 빛〉이다. 물론 〈햇볕 속의 여자〉, 〈도시의 여름〉, 〈아침 햇살〉에도 빛이 들어오지만, 그건 길게 비추는 빛이라기보다 볕뉘이다. '이미지'에 천착했던 호퍼가 우리에게 빈방과 빛을 들고 온다.

그림을 보다가 문득, 내 안의 빈방으로 가고 싶어졌다. 아무것도 없는 빈방. 물질을 들어내고 그 빈자리에 정신이 또렷이 들어앉은 곳. 아니 그 정신마저 비운 방이다. 무소유의 정신마저 훌훌 벗어던진 '고요와 침묵의 방'. 마음에 뚫려 있는 구멍이 메워지고, 마음의 불안한 파도도 잠드는 방. 그곳이 명상의 방인가. 스티브 잡스는 명상을 통해 그의 일과 아픔을 가라앉혔다는데, 나는 나의 빈방에서 무엇을 비워내야 할까.

아니 저쪽 구석 어딘가에 달려갈 수 있는 빈방이 하나 있다는 건 작은 축복일지도 몰라. 무언가 채우고 비우느라 피곤한 우리의 영혼을, 잠재우는 그런 시간.

추상미술을 하지 않으면 대접을 못 받던 시대에 호퍼는 고집스레 구상미술의 맥을 이은 화가이다. '시대정신'이란 그 동네의 주류에서만 나오는 것이 아니라 주변부나 변두리에서 생성된 비주류에서도 나온다는 걸 보여준 예술가이다. 나는 그런 마음을 가진, 그가 좋다.

남해는 고요하다

크롬바커 바이젠 한 잔에

에릭 사티의 〈그노시안느Gnossienne〉 1번을 들으며

읽는 책.

『책그림책』, 크빈트 부흐홀츠 그림, 정희창 옮김, 민음사, 2001.

남해로 가는 길이 요동친다. 백년만의 폭우라는 뉴스에 마음이 자꾸 발목을 잡아당긴다. 허나 '어떡하지'는 '일단 가지'에 밀리고, '내일 날씨는 어떨지'는 '일어나 봐야 알지'에 맥없이 잠든다. 속으로는 이런저런 궁리를 해도 겉으로는 눈썹 하나 흔들리지 않는다. 나는 큰언니니까.

비 온 뒤에 나온 지렁이도 이젠 무섭지 않다. 천둥과 번개도 언젠가부터 심벌즈 연주와 사이키 조명으로 생각하니 견딜 만하다. 남의 집 침대라 부대시설을 설치 못해, 악몽을 꾸다 굴러 떨어질까 걱정이 되긴 하지만……. 여행은 눈썰미 있는 선택과 명쾌한 결정, 예리한 촉이 필수템이다. 비를 따라가며 비 사이로 피한다.

남해, 머나먼 남쪽 바다는 비를 뚫고 온 타향의 객들을 곱게 맞아주었다. 섬이라 이름 붙지 않은 우리나라의 유일한 섬이다.

고요한 섬, 남해.

남해의 사람들이 벌써 그리워진다. 야무진 귈장을 닮은 '우리 식당'의 절인 마늘과 토박이 김치, 멸치쌈은 환상의 조합이다. 집에 돌아와 현장 직구한 마늘을 끼니

마다 두세 개씩 아껴 먹으면서 "역시 마늘은 남해이고, 대한민국은 아지매가 힘이야"라고 중얼댄다.

"이거 다 못 먹어요. 너무 많아요. 그만 시키세요."

'남해의 꿈 또는 몽상'이라는 뜻의 레브드남해Reve de Namhae. 이 브런치 카페의 주인장은 유명 소설가를 시누이로 둔 여자이다. 원, 하나라도 더 팔려고 덤벼드는 세상에서 별일이다. 이 동네 밤하늘의 별은 이 언니 땜시 영롱하게 반짝일 게다. 그나저나 무결점의 완벽하고도 절대적 존재인 '호박수프'가 벌써부터 그리우니 어쩐다. 이경은의 『쿠바는 못가도 카페 쿠바는 간다』의 18번째 카페 인증샷 주인공이다. 럭키박스가 남해로 간다.

삼동 지족(구) 거리의 이름은 '안분지족'에서 나왔다. 철학적인 느낌의 이 거리에는 독립서점과 소품 가게들이 있다. 첫 번째로 들어간 집은 유리를 녹여 목걸이나 반지 등을 만드는 가게 '기록의 밤'이다. 여주인이 젊다. 남해를 닮아 고요한 분위기의 그녀를 보는데, 팬시리 마음이 몽글거린다. 그녀는 인생에서 무엇을 기록하고 싶어서 저 제목을 골랐을까. 언젠가 다시 연이 닿으면 그 기록들을 볼 수 있으려나. 나는 푸르스름한 초록 빛깔이 감도는 목걸이를 두 개 사서는, '남해의 빛'이라고 이름을 짓는다. 하나는 나, 또 하나는 선물이다. 어느 날 누군가에게 도착할 것이다. 남해의 빛이.

그 옆집은 이제는 사라져버린 부산 망미단 길의 '책방 한탸'처럼 초록색 대문이다. 시작이 괜찮다. '밝은 달빛' 책방지기님이 가게 앞에 서 있는 노란색 차와 어울리게 크림색 노란 운동화를 신었다는데, 실은 나는 책에 정신 팔려 못 봤다. 패션을 아는 분이로군!

좋은 책이 많다. 신나게 몇 권 고른다. 더 둘러보려는데 차 한잔을 주신다기에 작은 다실에 성큼 들어선다. 이야기가 잘 걸어간다. 서울에서 내려온 이 분은 지역의 문화와 예술가를 껴안고 사는데, 여기서 삶에 대한 새로운 시선을 발견하신 것 같다. 쉽지 않은 마음이다. 세상이 밝아지는 느낌이 든다. 저녁 달빛도 밝겠지.

이 책방에서 산 크빈트 부흐홀츠Quint Buchholz의 『책그림책BuchBilderBuch』에 펼쳐 있는 그림들은 보는 것조차 아까워 살그미 보게 되는 책이다. 독일의 화가인 그는 대부분 '책'과 관련된 모티브들을 그림의 소재로 하고 있다. 세계 각국 46인의 작가에게 크빈트의 그림을 하나씩 보내드리고, 그 그림 속에 들어 있는 내용에 대해 글을 써달라고 부탁해서 나온 책이다. 자유로운 감상문처럼 보인다. 각자가 자유분방한 시선으로 작품을 해석한 점이 이채롭다. 내가 좋아하는 헤르타 뮐러, 밀란 쿤데라, 미셸 투르니에, 존 버거, 오르한 파묵, 수전 손택 등을 포함해 46인의 작가들이 쓴 짧은 글들이 들어 있다.

부흐홀츠는 나지막한 목소리로 이야기한다. 그의 그림에서는 '텅 빈 하늘'이 거의 언제나 화면의 절반 이상을 차지하고 있다. 빛의 근원이다. 자연과의 소통을 연결시켜 주는 매개가 바로 '책'이라는 게 인상적이다. 부탁받지는 못했지만, 나도 하나 써볼까.

아침 다섯 시에 그는 모자를 쓰고 몇 권의 책과 우산을 집어 들었다. 서른세 시간을 걸어간 후에 그는 텅 비어 있고 전망이 툭 트인 곳에 자리를 잡았다. 사람이라고는 아무도 없었다. 그는 영원히 그곳에 있겠다고 결심했다. 그는 책을 읽으면서 시간을 보내려고 했다. 혼자 있을 수 있다는 것은 완벽한 행복이었으므로.

– 밀란 쿤데라, 『책그림책』, 민음사, 92쪽.

질투라는 놈을 주의하십시오

흑맥주를 마시며 '미스터 블랙'의 질투Jalousie

〈Tango Tzigane(집시 탱고)〉를 들으며 읽는 책.

야마모토 케이, 『질투라는 감옥』, 최주연 옮김, 북모먼트, 2024.

이아고Iago가 말한다.

"장군님, '질투'라는 놈을 주의하십시오. 제 먹이를 가지고 노는 녹색 눈의 괴물입니다."

아, 오셀로Othello는 이 말을 바람처럼 흘려들었던가. 이미 눈이 멀었던가. 그는 영원히 질투의 감옥에 갇혀버리고 말았다. 셰익스피어가 다시 태어나 원고를 고쳐주지 않는 한, 그는 영영 풀려나오지 못할 것 같다. 운명이 그를 몰아세웠구나!

'질투'라는 말을 들으면 셰익스피어의 『오셀로』가 생각난다. 이아고의 꼬임에 넘어가 자기의 아름답고 어린 아내를 목 졸라 죽인 질투에 눈이 먼 남자 오셀로. 그는 열등의식으로 아내 데스데모나를 끊임없이 의심하다 끝내는 '파괴적인 질투'에게 자신의 영혼을 내어준다. 이아고도 마찬가지다. 자기 대신 카시오가 승진하자 음모를 꾸미며 오셀로의 목덜미를 움켜쥐는 질투의 화신이다. 아, 이 뱀의 혀같이 사악한 질투의 굴레를 어쩌랴.

생각해 보면 질투의 첫 번째 증상은 '눈이 머는 것'이다. 세상을 올바로 보는 눈, 판단하는 인식의 눈, 사람 사이의 따스한 관계의 눈, 타인의 성공과 행복을 순수하게 바라봐 주는 눈, 아낌없이 축하의 손을 내미는 마음의 눈을 '감는 것'에 그치지 않고 '머는 것'이다.

한 세상이 닫힌다. 밝고 환한 따스한 세상 대신 차갑게 얼어붙은 땅 위에 서서 질투로 휘몰아치는 칼날 같은 바람을 맞아야 한다. 처음에는 마음이 시들거리다가 죽음 같은 고통을 대면할 수도 있고, 아니 심지어는 육체적 고통으로 변해 깊은 병으로 온몸에 파고들지도 모른다. 다만 심장에 꽂히지 않길 바랄 뿐.

왜 그녀만, 그 남자만 주목받는가. 왜 그들만 상을 받는가. 내가 이렇게 힘들고 풀리지 않는 게 혹시 저들이 나의 행운을 다 가져간 때문은 아닌가 하는 불끈한 마음. '비교'가 있는 곳에 꼭 '질투'가 있다든지, '휴가 질투'를 불러일으키는 것이 아름다운 경치 사진이나 맛있는 음식 사진 한 장일 수도 있다는 사실에 마음이 툭, 떨어진다.

『질투라는 감옥』 속에서 많은 사람이 '질투'에 대해 말하는데, 소크라테스가 질투의 양면성에 대해 말한 게 인상적이었다. "영혼의 고통인 질투에 쾌락을 섞으며, 고통에 쾌락을 섞는다네." 이런, 쾌락이라니! 이웃이 손해를 볼 때 질투는 쾌락을 유발하는가.

타인의 질투를 받거나 받아들여야 하는 이들의 세상

도 만만치 않다. 어느 날 갑자기 함부로 들이닥친 화살과 칼날에 긁히거나 심한 상처를 입는다. 날카로운 자상을 입기도 하고 정신적인 타격으로 불면의 밤을 보내다가, 심지어는 마음의 감옥에 갇힌다. 열쇠가 있는 곳이 보이질 않는다. 만약 잃어버렸다면 지옥이다.

보시게. 질투를 손에 쥐고 마구 휘두르는 자여! 제발 멈추시도록. 그 칼날이 거꾸로 당신을 향할까 두려워지는구려. 우리 안의 무서운 괴물, 질투!

질투심이 자기 안의 결핍을 긍정적이고 건설적인 방향으로 이끌기도 하고, 그렇게 되는 것이 최고의 상태로 변환되는 것이겠지만, 그런 아름다움을 어디에서 찾아낼까.

알랭 로브그리예Alain Robbe-Grillet(1922~2008)의 소설『질투La Jalousie』에서 심증만으로 아내 A…와 이웃집 남자 사이의 관계를 의심하는 남편의 편집증적인 '질투에 찬 눈'이 스쳐 지나간다. '아내 A' 다음의 저 말줄임표가 불안하다.

위풍당당한 삼류작가

사모바르에 끓인 차와 함께

밴드 '데이브레이크' 싱어 이원석의 〈old & wise〉를

들으며 읽는 책.

안톤 파블로비치 체호프, 『체호프 단편선』, 이재호 옮김, 생각뿔, 2019.

손바닥만 한 책이다. 글씨가 잘 안 보일 수도 있다. 돋보기나 확대경이 필요할지도 모르겠다. 얄밉게 들리겠지만 나는 다행히 그냥 읽는다. 젊어서 심한 근시와 난시였던 탓인지 덕인지 모르겠지만, 아직까지 약병 뒷면의 작은 글씨도 잘 보인다. 무엇보다 책을 보는 데 불편이 없는 게 제일 좋다.

고등학교 시절, 시커먼 사각테로 된 두꺼운 안경을 꼈다. 얼굴에서 그나마 봐줄 게 '눈'인데 그 눈을 턱 하니 가린데다, 도수가 높아 안경알이 회오리처럼 빙빙 도니 상상만으로도 자존심이 흔들린다. 영화 〈프린세스 다이어리The Princess Diaries〉의 '미아'가 떠오른다. 제노비아 왕국의 아름다운 공주가 되기 전, 엉망진창이었던 고등학교 여학생 미아(앤 해서웨이 분)의 바로 그 모습이다. 그녀는 못생겨야 할 상황에서도 예뻤다는 점에서 나와는 현격한 차이가 있지만, 마음만은 비슷하지 않을까 싶다. 부끄러움이나 수치심으로 청춘이 채워진 날의 느낌이나 열등의식이 산딸기처럼 붉게 부풀어 오르는 시간은 지워지지 않는 상처이다. 더러 그 구멍이 총상의 흔적처럼 보이기도 한다. 지금까지도 내게 그 검고 두꺼운 안경은 늘 미와 추의 경계선이다. 안경을 벗은 세계와 쓰는 세계는 평행선이 아니라 줄다리기 하는 상대편 같다. 아니 때론 적이라는 생각도 드는 사물이다. 사람이 사물에게 거꾸러진다.

체호프Anton Pavlovich Chekhov(1860~1904). 너무나 유명해서 수식어가 필요 없는 작가이다. 그 이름이 바로 '그'를 나타내는 브랜드이고 존재이다.

"글쎄, 이 작가는 재떨이를 보면 재떨이를 썼고, 그네를 보면 그네를 썼다. 쓸 게 없다고 징징대지 말고, 아무거나 너희 눈에 들어오는 걸 쓰면 된다! 자, 시작!"

나는 고등학교 때 국어선생님이 하신 이 말씀을 그야말로 가슴에 깊이 새겼다. 그래서 재떨이를 보면 '재떨이'를 썼는데, 쓰고 보면 '담배나 성냥'이 되어 있었다. 글을 쓴지 30년이 된 지금도 재떨이를 재떨이로 제대로 쓰고 있는지는 잘 모르겠다. 요즘은 담배나 성냥이라도 잘 그려보자는 생각을 한다. '제대로'는 결코 쉽지 않다. 그건 잘 쓰는 작가에게 넘길 작정이다. 비겁한 타협 같을 수도 있으나. 자기 그릇을 아는 분수라고 스스로를 감싼다. 낮은 마음은 나이 듦의 미덕이거나 치사한 악수, 혹은 허세일지도 모른다. 그 경계는 항시 아슬아슬

하고 위험하다. 한 발만 잘못 디뎌도 '크레바스'에 빠질 것이니.

　『체호프 단편선』에 나오는 작품 「쉿!」을 읽다가, 머리가 삐죽삐죽 솟는 기분이 들었다. 고작 네 페이지에서 '작가라는 이름의 허세'를 그토록 예리하고 시니컬하게 통찰하다니……. 역시 체호프다. 「자고 싶다」의 그 서늘한 기운이 아직까지도 내 등허리에 얹혀 있었는데, 이젠 이 작품이 그 자리를 대신할 모양이다. 읽다가 몇 번을 웃었다. 재미있어서, 기가 막혀서, 가당치가 않아서…….
　신문에 글을 기고한다는 삼류작가 이반 예고로비치 크라스누힌은 제 딴에는 좀 쓴다고 생각하는 작가이다. 삼류작가……. 나도 이 낱말을 손안에 움켜쥔 적이 있다. 방송국에서 한 2년간 단 한 편도 방송 못하고 빌빌거릴 때, 잘나가는 방송작가들과 함께 밥을 먹으면 언제나 그 경계가 확실했다. 인기작가 노○○이나 유○○ 작가가 먹는 테이블과 나머지 작가들의 자리는 달랐다. 아무리 마음을 달래도 '나는 삼류작가인가, 삼류인생인가' 하는 생각에 밥이 자꾸 목에 걸렸다. 나머지 작가들은 서로 쳐다보며 헛웃음을 웃었다. 제 안의 슬픔과 모욕을 감추고 뒤돌아 앉아, 별일 없다는 듯이 자꾸 웃었다. 내가 헛웃음을 싫어하는 건 아마도 그때부터였던 것 같다. 그 웃음 안에 든 삼켜진 눈물을 보기가, 참으로 싫었다.

그런데 이 책의 주인공인 삼류작가는 도대체가 너무도 당당하다.

"난 이제 글을 쓸 거야……. 아무도 방해하지 못하게 도와줘. 차와 비프스테이크가 있는지 알아봐줘……. 난 차가 없으면 글을 쓸 수 없어. 차뿐이라고. 차밖에 없어……. 내 원고 작업에 도움이 되는 건……."

그가 안락의자의 등받이에 몸을 편안히 한 채 주제를 생각할 때, 아내는 고기를 굽는다. 그러면서 자기를 가스에 중독시키려 하냐며 야단을 치는 남편에게 내내 굽신거린다. 글 쓴다고 위세 떠는 남편을 위해 물 달라는 아들을 조용히 시키느라 "쉿!"을 연발하고, 벽을 사이에 둔 이웃집도 소리 내지 않고 기도를 해야 한다. 자는 아내를 새벽 세 시에 깨워 글 쓰느라 정말 힘들다며 차를 더 가져오라고 시키는 이 허세덩어리 작가. 어라, 군데군데 비슷한 장면이 스쳐지나간다. 누군가도 작가

랍시고 꼬장을 편다. 나는 또 반성해야 한다. 도무지 할 말이 없다. 서재에서는 왕 노릇을 하고 있으니, 밖에 있는 이가 비위가 상할 게 분명하다.

삼류작가 이반 예고로비치 크라스누힌이 집에서 부리는 독단적인 권세와 교만한 태도는 편집국에서의 그 소심하고 비굴하며 무능한 모습과 너무나 다르다. 체호프의 예고된 반전은 늘 흥미롭다.

온 집안에 널리 울려 퍼지는 그 소리에, 나도 모르게 손을 입에 갖다 댄다.

"쉿!"

작가가 그토록 중요한 존재인가……. 해답은 어디쯤에 숨어 있을까. 저 노래에?

홍콩을 사랑하는 사람들

따끈한 차를 마시면서

등려군의 〈첨밀밀甛蜜蜜〉을 들으며 읽는 책.

홍콩문학선집 2, 『눈부시게 새빨간 부겐빌레아』, 박재우·김윤진 옮김
푸른사상, 2012.

"이다음에 꼭 홍콩으로 돌아갈 거야."

이 문장을 읽는데, 영화 〈박하사탕〉에서 배우 설경구가 "나 다시 돌아갈래!"라고 외치던 장면이 떠오른다. 잊히지 않는 명대사이다. 다시 시작하고 싶은 마음, 하지만 과거로 돌아갈 수 없는 인생의 운명, 슬픔의 피날레이다.

하지만 저 서두의 주인공인 홍콩작가 리쾅李匡은 끝내 돌아온다. 1950년 광저우에서 홍콩으로 와서 5년간 살다가 생활고로 가족들과 다시 중국으로 갔는데, 그의 한 가지 소원은 꼭 홍콩으로 돌아가겠다는 것이다. 결국 15년 만에 돌아온다. 그렇게 좋아하던 단팥죽을 떠올리며…….

허나 중학교 교사로 사는 거나 작가로 글을 팔아먹으며 사는 일이 도통 만만치가 않아, 싱가포르로 떠난다. 그러다가 27년 뒤에 홍콩으로 다시 돌아와 보니 홍콩의 에버딘의 학교도, 비오푸린 길의 학교도, 새하얀 동백나무 꽃도 모두 사라져버렸고, 단골로 드나들던 구멍가게도 모두 고층건물이 되어버렸다. 하지만 그는 홍콩의 미래를 이야기하며 산문「홍콩의 추억 세 가지」를 맺는다.

문장이 소박하면서도 구성지며, 묘사가 거의 없어도 절로 웃음이 나오고, 감정을 드러내지 않는데도 가슴이 뭉클하다. 작가의 삶을 날카롭게 풍자한 대목은 그저 놀랍기만 하다. 글이 어찌나 쫀득거리는지 읽는 내내 '바로 이거지!' 하며 가슴을 쳤다.

나는 두 번의 반성문을 써야 했다. 글에 힘을 빼고 소박하게 써야 하겠다는 생각과 홍콩문학에 대한 '무지無知' 때문이다.

홍콩여행을 신청하고 나서 '홍콩문학'을 인터넷에 검색해 보았다. 사실 호기심으로 그냥 쳐본 건데 떡 하니 시, 소설, 산문으로 나뉘어진 세 권의 책이 나와 있었다. 주문한 책이 도착해 들춰보니 놀라웠다. '아니 홍콩문학이 이 정도였어? 이건 중국문학과는 약간 다른데? 그나저나 사람들이 홍콩을 또 왜 이렇게 사랑하는 거야?'

책 속의 홍콩은 그동안 내가 알던 홍콩과 너무 달랐다. 내 머릿속에는 화려한 야경과 쇼핑, 영화 〈첨밀밀〉과 등려군의 노래 정도만 들어와 있다.

'중국 대륙에서 온 작가'들이 사회현실을 풍자한 리

얼리즘 문학을 선호한 반면에, 1960년대부터 자생적으로 성장한 '홍콩작가'들은 모더니즘 문학을 선호하는 편이라고 한다. 이 사이에 끼어서 통속문학도 발전한다. 작품들을 읽다 보면, 홍콩문학은 홍콩만의 특이한 역사 속에서 자생적으로 성장하고 있는 문학이란 사실에 접근하게 된다. 겉으로 화려해 보이는 홍콩 땅에 사는 사람들에게도 애환과 고충이 있다. 중국에 회귀된 후 그들의 문학과 삶이 어디로 향할 것인가 하는 문제로 갈등하는 모습을 글을 통해 보면서, 어디에서나 사람 사는 모습은 비슷하다는 생각을 한다. 우리도 늘 나라의 일로 국민들 간 갈등을 겪고 있으니 말이다. 개인에게나 국가에게나 정체성의 문제는 예민하고 심각하다. 어느 땅에 두 다리를 놓을 것인지, 어디에 머리를 두고 잠들어야 할지.

사실 나는 그동안 홍콩을 피상적으로만 느꼈다. 문학이란 사람이 사는 곳이라면 어느 곳, 어떤 구석이라도 비집고 자라난다는 평범하고도 중요한 사실을 잊어버렸다. 식민지 문화나 혼종성 문화라고 치부되는 그런 가운데에서도 문학은 고고하게 자란다.

특히 '홍콩의 산문'은 홍콩문학의 정수이자 방대한

화제話題이다. 생활리듬의 스피드가 빠른 곳에서 독자의 기호에 엽렵하게 부응하는 산문이 빛나는 문학으로 평가되는 것 같다. 왠지 우리나라와 비슷한 느낌이 드는 건 왜일까.

둥챠오는 「수필은 오후의 차다」에서 "중년은 진한 커피를 위장약처럼 먹는 나이"라고 했다. "어정쩡하게 감상에 젖을 뿐 흥분하지 못한다" 했다. 중년에 대한 묘사가 어찌나 재밌는지 웃음이 터졌다.

샤오스의 「홍콩 이야기」와 홍콩 제일의 무협소설 작가를 그린 뤄푸의 「진융에 대한 이야기 세 가지」 등 홍콩 사랑이 넘치는 글들은 누구든 한번 보면 그 매력에 푹 빠질 것이다.

홍콩에 가기 전에 이렇게 썼는데, 여행을 다녀오니 마음이 복잡해진다. 현실과 상상의 간격이 파란 벽화가 있는 골목길처럼 구불거리고, 빅토리아 피크와 그 위에서 내려다본 세상처럼 경계가 느껴진다. 그 틈을 바라보니 그저 망연해진다.

리쾅의 단팥죽은 없고, 에그타르트만 유행 중이다. 홍콩의 야경은 눈이 아프도록 아름다웠고, 홍콩을 사랑하는 사람들은 넘쳐났고, 홍콩에 관한 이야기는 긍정과 부정이 교차했고, 책 출판은 누군가 하고 있는지 아닌지 알 수 없고, 문학은 맨 뒤로 밀려나 보이지도 않았지만, 그래도 홍콩과 홍콩 사람들은 미래를 꿈꾸고 있는 것처럼 보였다. 미래가 그들에게 어깨를 빌려주기를······.

교토 골목길에 비가 내리면

파나마 게이샤 싱글오리진 라테를 마시며

영화 〈바그다드 카페〉의 OST에서

〈Calling you〉를 들으며 읽는 책.

심재범, 『교토 커피』, 디자인이음, 2019.

잠시 후 오사카 행 기차를 타야 하는데, 비가 보슬거리며 내리기 시작한다. 비가 촉촉이 내리는 교토 골목길을 걷는다. 순간 아무 집이나 들어가 숨고 싶어진다. 같은 골목길이라도 맑은 날이면 생기지 않을 느낌이다.

오후 5시 무렵, 작은 가게마다 문을 열기 전 음식 준비를 하느라 분주하다. 집집마다 하얀 김을 내뿜는다. 비가 와서 그 하얀 김이 낮게 깔리고 냄새를 풍기며 유혹한다. 여행길을 멈추고 들어오라고 손짓하는 그 골목길에 서서, 나는 잠시 망설인다.

비와 사케 한 잔, 절임 안주는 절묘하고도 이상적인 관계다. 이런 날 밤 늦도록 몇 명의 친구와 소곤소곤 쓸데없거나 사소한 이야기를 나누며 시간을 마구 흘려보내는 것도 좋으리. 재즈 음악이 흘러나오면 앉은 자리에서 몸을 가볍게 흔들며 온 감각을 불러일으켜 세워도 누가 뭐랄까. 주인장이나 마담 상에게 윙크도 한번 보내고 잔 한번 부딪치면 금세 미소가 가게 안을 가득 채울 텐데…….

어쩌다 문학을 하는 이를 만나면, 아는 언어를 총 동원해서 나쓰메 소세키夏目漱石(1867~1916)를 추앙했던 아쿠

타가와 류노스케芥川龍之介(1892~1927)와 다자이 오사무太宰治
(1909~1848), 무라카미 류村上龍와 다니자키 준이치로谷崎潤一
郎(1886~1965)의 탐미와 강렬한 에로티시즘에 대해 이야기
해보는 거다. 비오는 날에 이보다 뭐가 더 술잔 속의 주
제로 어울리겠나. '한없이 투명에 가까운 블루'는 도대
체 무슨 블루이고, 어찌해야 한없이 투명해지는지 달라
붙어 떠들어보자. 조르주 바타유Georges Bataille(1897~1962)보
다도 나의 에로티시즘을 눈뜨게 했던 류에 대해 밤새 목
청 높이면 어떠랴.

비가 부슬부슬 내린다. 교토의 좁은 골목 안으로, 비
가…….

가게 문을 열던 청년이 웃어준다. 나는 우산을 쓴 채
맞웃음을 쳐준다. 나도 모르게 발걸음이 가게로 향하는
데 귓가에 들려오는 한마디. "오사카 기차 시간 늦겠어.
어서 가자. 그만 기웃거리고."

이크, 또 들켰군! 이놈의 기웃거리는 병은 평생 못
말린다니까.

『교토 커피』를 읽는데 저 장면이 불현듯 떠올랐다.

2014년 12월, 그 비 내리는 교토 골목길을 돌아 나오던 날 두고 온 마음이 아직도 그리울 줄 몰랐다. 이 책은 보기만 해도 커피 냄새가 난다.

교토의 커피는 다른 도시와는 분위기가 좀 색다르게 느껴진다. 길거리에 늘어선 프랜차이즈 카페의 위용 같은 건 아예 없다. 골목길 안쪽이나 길가 구석, 한가진 자리에 자리 잡은 작은 가게들은 각자의 이야기와 냄새를 담고서 기다린다. 당신이 오시기를.

구라수부터 펠람, 오카페, 아라비카, 위크엔더스 커피, 히비 커피, 동그리, 버밀리온, 클램프 커피 사라사, 프랑수아, 센티도, 아카츠키, 밀푸어 커피, 멜 커피 로스터스, 릴로 커피 로스터스, 타카무라 와인 앤드 커피 로스터스, 호놀롤루 커피, 기라차 커피, 후프 커피, 사라사 니시진 도시샤 대학교, 블루보틀 교토, 타임스 클럽까지 책에 나온 카페 이름들을 모두 불러본다.

이건 절대 카페 홍보가 아니다. 꿈속의 힐링 프로그램이랄까. 여행 경비가 안 들고 생각만으로도 행복해지는 여행이다. 저 중에서 마음에 드는 이름을 골라 눈을 감고 그저 여행을 떠나면 된다.

'나는 지금 교토의 커피 카페를 찾아가는 테마 여행 중이다. 그 카페에서 잠시 지친 마음과 무거워진 두 다리를 위로해 주자.'

파리8대학의 문학 교수이자 정신분석가인 피에르 바야르Pierre Bayard의 『여행하지 않은 곳에 대해 말하는 법』처럼 해보는 거다. 임마누엘 칸트가 자기 고향 괴니히스베르크를 한 번도 떠난 적이 없지만 낯선 나라들에 대해 묘사했듯이, 마르코 폴로의 『동방견문록』이나 쥘 베른의 『80일간의 세계일주』 같은 문학작품이 다 일일이 탐방해야만 쓸 수 있는 것이 아니듯이……. 여행의 진정한 의미를 생각해 볼 수 있는 시간이 곁에 있다.

나는 오래된 목욕탕을 개조해서 카페로 만들어, 내부에 목욕탕의 흔적이 가득한 도시샤대학에 있는 사라사 니시진 카페를 제일 먼저 리스트에 올렸다. 윤동주와 정지용의 모교이자 내 친정조카가 유학 중인 곳으로 가자. 혹시 누가 알랴. 영화 〈행복목욕탕湯を沸かすほどの熱い愛〉의 오다기리 조를 만날 수 있을 지. '상상이라는 날개'를 빌려 타고서.

'바그다드 카페'는 우리들의 마음 속 황량한 사막 한 가운데에 늘 있다. 고장난 커피 머신, 먼지투성이 카페, 남편에게 버림받은 야스민과 무능하고 게으른 남편을 쫓아낸 브랜다가 있는 그곳. 두 여인이 상처로 가득한 시간을 딛고 마법을 부리듯 아름답고 희망찬 삶으로 만들어가는 이야기를 들으며, 울고 웃고 싶어진다. 매일 아침 도착하는 나의 인생 스토리도 짬짬이 들려주며…….

도시의 판타지

보드카 한 잔에

라흐마니노프의 피아노 콘체르토 3번을

들으며 읽는 책.

존 버거 글, 셀축 데미렐 그림, 『스모크』, 김현우 옮김, 열화당, 2016.

2002년 3월, 모로코에 처음에 도착했을 때 가장 인상적인 것은 '물담배'였다. 모로코 전통 옷인 모자가 달린 하얗고 긴 옷 '젤라바이'를 입은 남자들이 제 앞에 하나씩 작은 탁자를 두고, 길거리를 향해 담배를 피우고 있는 모습은 놀라운 풍경이었다. 그 장면이 인상적이라기보다는 하이든의 '놀람 교향곡'이 가슴에 쾅쾅 울려 퍼지는 듯했다.

아니 여자는 하나도 없네. 대한민국의 아름다운 카페는 여자들이 거의 점령하고 있는데, 이건 뭔가. '길거리'란 언어는 이 나라에서는 남성형으로 분류되는 모양이라고 생각했다. 이 정도라면 담배는 남성전유물임이 거의 확실했다. 저 멋진 물담배까지. 나도 한번 피워보고 싶은데…….

그 뒤 20년 만에 간 모로코는 달랐다. 담배 연기도 황량함도 줄어들었다. 훼스로 가는 길의 그 거친 황량한 땅의 바람 냄새가 아직도 나는 것 같은데, 풍경이 보이질 않는다. 아, 사라지고 있다. 이렇게 사라지는구나. 갑자기 코끝이 시큰거렸다.

존 버거John Berger(1926~2017)는 『스모크Smoke』에서 어느

날 문득 사라진, 사라질 하나의 풍경을 이야기한다. 홀연하는 시대를 그리워하다니 지탄받을지 모르는 일인데도 용감히 담담하게 속마음을 펼친다.

사실 그가 예술과 인문사회 전반에 너무 광범위하게 걸쳐 있는데다 종종 지나치게 명쾌해서 가깝게 느껴지지 않았다. 그런데 그가 중년 이후 생을 마감할 때까지 알프스 산록에서 농사일과 글쓰기를 함께했다는 사실을 알고는 마음이 훅, 하고 쏠렸다. 이렇게 단순한 인간이라니, 원.

『스모크』는 '담배'에 관한 글과 그림을 엮은 책이다. 책을 펼치자마자 그림이 눈에 쑤욱 들어온다. 신선한 그림은 가슴의 먼지를 경쾌하게 털어내 준다. 폴 오스터Paul Benjamin Auster(1947~2024)가 각본을 쓴 동명의 영화 〈스모크〉가 생각난다. 브루클린 모퉁이에 있는 한 담배 가게가 배경이다. 14년간 일해온 이 가게의 주인 오기는 하루도 빠짐없이 똑같은 위치에서 똑같은 시간에 사진을 찍어 스크랩한다. 취미가 특이하지만 매력적이다. 오기 역을 맡은 하비 카이텔Harvey Keitel이 담배를 입에 물고 사진을 찍는 모습은 잊히지 않는 이미지이다. 영화 포스터 속의 문구가 마음을 흔든다.

마음을 흔드는 도시의 판타지

담배 연기 속에 피어나는 사람 사는 이야기

"세상에서 가장 소중한 건, 공기보다 가벼운 거야."

(The most precious things are lighter than air.)

존 버거는 말한다. 흡연이 죽음에 이르게 한다고 공표된 이후부터 사회악이 되었고, 부주의한 살인자가 되었고, 악마로 묘사하는 캠페인이 시작되었고, 어린이를 포함한 주변 사람들을 위험에 빠뜨리는 물건으로 낙인찍혔다고.

존 버거는 다시 말한다. 이제 흡연은 고독하고, 도착적인 행동이며, 애연가들은 추방자가 되어간다고.

존 버거는 또 다시 말한다. 담배를 함께 피우며 세상과 여행에 대한 이야기를 나누고, 꿈을 교환하고, 우정을 나누었던 시절이 사라져간다고.

나의 아버지 사진이 한 장 있다. 청년이었던 아버지가 담배 한 대를 물고 코트깃을 올리며 뭔가 생각하는 모습으로, 내겐 최고의 사진이다. 어머니는 자식들이 다 아는데도 몰래 담배를 피우시곤 했지만, 우리는 계속 모른 척했다. 부모님 두 분 다 폐암으로 이른 나이에 세상과 작별하셨다. 그래서 우리 집 아이들은 담배를 안 피운다. 나는 대학 때 겉멋이 들어 피워보려 했으나, 기침이 나는 것을 참을 수 없어서 포기했다. 하지만 존 버거에 기꺼이 동감을 표한다. 예술가들은 담배와 술을 좀 해야 한다고 생각하는 편이다.

나쓰메 소세키의 『나는 고양이로소이다吾輩は猫である』에 나오는 페르시안 고양이는 인간들이 '얼굴 가운데에 있는 구멍으로 가끔 연기를 푸우푸우 내뿜는데, 그게 담배라는 걸 알았다'며 인간과의 첫 대면을 떠올린다. 나는 소세키와 고양이, 서재인 소세키 산방에 대한 상상 지도를 작동시킨다. 그의 서재가 두 눈 안에 가득 스친다. 자기는 고양이지만 에픽테토스를 읽다가 내팽개치는 학자 집에 기거하는 고양이라고 거드름을 부리며, 쥔장이 피다 둔 파이프를 입에 문 채 거들먹거리며 걸어가는 모습을 상상하는 것만으로도 웃음이 나온다.

르네 마그리트René François Ghislain Magritte(1898~1967)의 대표작 〈이미지의 배반La trahison des images〉에 나오는 저 유명한 파이프는 "이것은 파이프가 아니다(Ceci n'est pas une pipe)."라는 모순적 표현을 나타내는 세상에서 가장 유명한 파이프이다. 나는 속으로 이것은 파이프가 아니라 담배고, 못다 한 욕이고, 가슴을 태운 연기라고 말하곤 한다. 혼잣말인데 뭘 못하랴.

그런 뒤에 셀축 데미렐Selcuk Demirel의 그림을 보라!

제멋대로. 제, 멋, 대로!!

저리도 곱게 피었네, 동백꽃

탁주 한 사발 마시며,

클로드 드뷔시의 〈달빛Clair de lune〉을 들으며 읽는 책.

이인성, 『바다보다 먼저 일어서는 파도』, 읽고쓰기연구소, 2025.

이 책을 읽는데, 엄마 얼굴이 스치고 지나간다. 책의 페이지마다 웃거나, 더러 울며 서 있다. 중간쯤에서는 잔뜩 심술이 난 표정을 짓고, 바다 그림이 나오는 페이지에서는 등을 돌리고 앉아 하염없이 바다를 바라본다. 소나무 앞에서는 작가와 나란히 앉아 이야기를 나눈다. 어느새 '봄꽃이 있는 작은 풍경' 속으로 들어가 꽃잎을 온몸에 떨어뜨리며 웃는다. 터져 나오는 웃음소리가 꽃잎 위에 올라앉아 난분분 날아다닌다. 아, 엄마가 행복하다.

이인성. 그녀가 지금 살고 있는 삶이 우리 엄마가 살아생전 살고 싶었던 '삶'이라는 뜬금없는 생각에 발에 쥐가 난다. 저리다. 아무리 '야옹~' 하고 외쳐도 계속 저리다. '코에 침'을 발라도 저런 게 풀리지 않는다.

"네 마음의 끈이 꽁꽁 묶어놓아서 그렇지. 평생 저렸겠지. 네 발이 네 맴이……."

나는 몰래 그녀를 따라다닌다. 울 엄마의 못 다 한 시간이 그녀의 창고에 보관되어 있을 것 같아서. 열쇠를 슬쩍해야 하나. 고맙기도 하고, 슬프기도 하고, 부러워서 얄밉기까지 하니, 여하간 제정신은 아니다.

『바다보다 먼저 일어서는 파도』라는 책을 낸 이인성은 올해 팔순을 맞은 시인이자 화가이다. 노년의 시간을 남해 해라우지 마을에 기대어 살고 있다. 내 친구가 남편 퇴직하면 남해에서 작은 카페 하면서 조용히 살겠다며 몇 차례 들락거리던, 바로 그 남해이다. 친구의 '그 남해'는 '그 방배'로 팻말을 바꿔 달았다.

그때 우리는 몰랐다. 누가 와 살겠다고 말한다고 되는 게 아니라, 누구는 와서 살아도 좋다고 허락해 주어야 그 땅에 자리를 펼칠 수 있다는 것을. 내가 아니라 땅이 결정한다, 는 평범한 이야기를 철없는 귀에 하냥 흘려보냈다.

남해의 앵강만은 '이인성'이 좋았나 보다. 26년째 매일 보리암을 마주볼 수 있게 해주었고, 실컷 글을 쓰고 맘껏 그림을 그리도록 내버려두었다. 그저 두고 보는 게 별 탈 없게 돌봐주었다는 뜻이라면, 남해의 땅은 이인성을 꼬옥 품어준 게다. 뒤늦게 서야 그녀 팔자에 남겨진 호사를 이 남해살이에서 누릴 수 있게.

결혼해서 아이 낳고 키우는 반평생은 여느 여자와 같이 맹목적인 헌신과 적당한 집착으로 지나간다. 사랑

때문인지 재능 때문인지, 어쩌다 일 저질러서 그랬는지는 객이야 알 수 없는 노릇이지만, 구멍 난 독은 손으로라도 막아야 하며, 그 안에서 뭐가 나올지 모르는 보따리는 풀어야 했을 것이다. 우리 엄마가 그랬듯이…….

이 책은 그녀에게 남겨진 '남해의 꿈꾸는 시간'이다. 그 시간 속의 글과 그림들이 지나가는 행인들에게 말을 걸고, 행인들은 잠시 나그네가 되어 쉬어 간다. 책의 여행이 바야흐로 시작된다. 소나무에 기대어 바다를 바라보며 차도 마시고, 정열적인 붉은 꽃 한 송이에 숨을 멈추며 그 색으로 옷 한 벌 해 입고 싶다고도 하고, 천천히 타오르는 가을 들판의 울긋불긋한 색깔들을 냉큼 삼켜 마음 안에 가득 가을을 물들이고, 빨간 지붕과 소나무 세 그루가 있는 마을에서 쉬어 가라는 손짓도 받는다.

'모네의 화실'에서 그림을 그리는 동안 세상도 자신도 잊고 그린 그림들이 그녀 앞에, 80년의 시간을 내려놓는다. 70세에 시작한 그림은 매순간 깨달음이다. 한때 내 맘대로 되는 건 그림뿐이라던 호기도 다 내려놓았다는 말에, 나는 그녀의 그림이 좋은 이유를 대번 알았다.

식구들이 제일 모른다. 편집자가 먼지 쌓인 창고에

들어가 책 만들겠다며 일일이 작품 사진을 찍는다고 할 때도 그저 그랬겠지. 파스텔 톤의 분홍 표지를 입은 책을 보고서야 심장이 벌렁거렸을까.

이게 내 어머니가 쓰고 그린 그림들 이야기라고? 이 멋진 책이 정말 울 엄마 책이야? 우리 엄니가 이런 분이었어? 이토록 강렬한 삶을 사는 여자였어? 그리곤 심장이 울컥, 하는 소리를 들었을지도. 어쩌면.

"엄마, 몰라서 미안해!"
세상의 자식들이 출판사에 전화를 건다.
"제 어머니 책도 한 권 지어드리고 싶어요."
이인성이 환히 웃는다.

한 겨울 남해는 빨간 동백이 핀다. (…) 햇살은 봄날 같다. (…) 남해는 말한다. 겨울을 걱정하지 말라고, 올 겨울도, 인생의 겨울도, 아무것도 걱정하지 말라고.
  – 이인성, 『바다보다 먼저 일어서는 파도』, 읽고쓰기연구소, 2025, 91쪽.

나는 이제 남해로 간다.
울 엄마가 꿈꾸었던 시간까지 자기 창고에 보관하느

라 바쁜 남해 엄마를 찾으러 떠난다.

남해로, 남해로…….

눈물방울 변주곡

따끈한 히비스커스 티를 곁에 놓고

아프로디테스 차일드의 〈Rain & tears〉을 들으며

읽는 책.

천운영, 『그녀의 눈물 사용법』, 창비, 2008.

눈물은 눈에서 흘러내리는 고통과 아픔, 기쁨의 구슬들이다. 그 구슬 하나가 가슴에서 파앙- 소리를 내고 터지면 몸이 통째로 흔들리고, 채 몸 밖으로 나아가지 못한 물이 고인다. 슬픔의 강, 그 위로 배 한 척이 지나간다. 안과 밖이 온통 물이다.

나는 눈물에 대해 환상적인 생각을 갖고 있다. 뭔가 특별난 영역처럼 느껴진다. 순간이지만 동물인 인간에게 영성을 보게 하는 신의 선물이며, 정결한 숭고미가 곁에 와 달라붙는다고 굳게 믿는다. 정화된 영혼에서 나온 한 방울의 수액! 심지어 눈물을 흘리는 남자에 대해서는 추앙하는 마음마저 든다. 찔찔 짜는 게 아닌 제대로 심장이 녹아내리게 우는 남자란 매력적이라는 편견을 갖고 있는 별난 인간이다.

그런 터무니없는 생각을 여지없이 깬 작품이 바로 천운영의 『그녀의 눈물 사용법』이다. 이런, 이토록 독특한 제목이라니! 내 너를 어찌 지나치랴. 나는 눈물을 '사용'이라는 말과 연관해서는 한 번도 생각해 보지 않았는데, 이렇게 현실적인 제목으로 어떻게 썼을까. 작가의 '눈물'은 다양했다. 이름 붙이기도 힘들었겠구나 싶을 정도로.

이기적인 눈물, 탐욕스러운 눈물, 죄책감의 허울을 쓴 두려움의 눈물, 헤픈 눈물, 굴복의 눈물, 삼킨 눈물이나 화석처럼 굳은 돌 눈물들…….

화자話者인 '나'는 울고 싶을 때 '눈물 대신 오줌'을 싼다. 사실 나는 '내갈긴다'로 쓰고 싶다. 그 순간 배뇨하는 시원함을 느꼈을 정도로 공감이 되는 장면이라서.

소설가 박민규는 "누구도 모르게 오직 나만이 '그녀'를 읽고 싶은 마음이며, 누군가가 '천운영'을 읽으면 질투를 느낄 것"이라고 써서 '없던' 질투심을 일게 한다. 나는 책에 대해 말하고 싶어 입이 근질거리지만, 못된 스포일러가 될까봐 참는다. 그녀의 글들은 직접 읽고 느껴야 한다. 남의 말을 듣지 마라! 두 눈으로 확인할 때까지…….

나의 눈물 사용법은 뭘까 생각해 본다. 꼭 밖으로 눈물을 흘려야만 우는 건 아니다. 울지 못하는 눈물이 무섭다. 나오지 않는 눈물이 더 기막힐지도 모른다. 내 안에도 사용하지 못한 울음들이 혈관을 타고 목까지 올라왔다가 마른 침과 함께 꿀꺽 삼켜지기도 하고, 가슴 근처에서 머물러 앉아 언제 나갈려나 기다리기도 한다. 때때로 사용하고 싶을 때가 있다. 누군가에게 전화를 걸어 울고 싶은 날이 있지만, 거의 사용을 하지 않는다. 그 누군가가 당황할까 봐, 웃고 싶은 날인데 괜히 슬퍼질까봐 선뜻 손을 내밀지 못한다.

그래도 눈물 사용권을 두세 번 써보았다. 세 명의 선후배 여자에게. 남자도 한 명 있긴 하다. 그에게 눈물 사용법을 알려주어야 하려나.

체호프 식 또는 셰익스피어 식

아메리칸 위스키 한 잔에

프랭크 시나트라의 〈뉴욕 뉴욕〉을 들으며 읽는 책.

비비언 고닉, 『짝 없는 여자와 도시』, 박경선 옮김, 글항아리, 2023.

"넌 요즘 사는 게 어때?"짝 없는 여자가 말한다.

"닭 뼈가 목구멍에 딱 걸린 것 같지 뭘."게이 남친 레너드가 답한다.

"나는 사는 게 적성에 안 맞아."그녀의 화두가 푹 찌른다.

그들은 20년이 넘도록 일주일에 한 번씩 만나서 강렬한 대화를 나누며 산다. 나는 그런 삶을 들여다보며, 오래 전에 며칠 간 머물렀던 도시의 불빛과 잠들지 않는 뉴욕의 아침을 떠올린다. 도시의 두 얼굴이 참 달랐다. 여기가 영화 속에 나오는 바로 그 도시인데…… 그때는 여행객으로 두리번거리면서 잠시 뉴욕을 빌렸었다.

『짝 없는 여자와 도시』를 읽다 보니, 자매 같은 책이 두 권이나 된다. 하나는 평생에 걸친 어머니와의 애증을 그린 『사나운 애착』이고, 또 하나는 이 책의 제목에 나온 조지 로버트 기싱George Robert Gissing(1857~1903)의 『짝 없는 여자The Odd Women』이다. 나는 이 '짝 없는 여자'라는 말이 궁금해서 우선 기싱의 책부터 읽기 시작했다.

빅토리아 시대의 소설가인 그는 '신분, 가난, 결혼'이라는 주제로 글을 썼다. 이 시대에 팽배했던 남성 우월주의는 남성은 지배자와 창조자이고, 여성은 누군가의 어머니와 딸, 아내로 '가정의 천사'라는 이름의 정체성만 있었다. 가정만이 여자의 유일한 땅이고, '짝 없는 여자들'은 잉여적인 존재로서 취급받고 소외당하던 황폐한 시대. 책을 읽으면서 내내 맘이 울퉁불퉁했다.

"우리처럼 근사한 나라에 여자가 남자보다 50만 명이나 많은 걸 아니? 그렇게 짝 없는 여자들이 많아……."

이런 상황 속에서 노동자 계층 여성들은 공장이나 탄광, 상점에서 일하는데, 궁핍한 젠트리 여성들은 가정교사나 노인네의 말동무를 하며 언제라도 해고될 처지를 불안해하고, 노후에 대한 걱정을 등에 지고 살아야 했다. 슬슬 가슴과 머리가 뜨거워지고 열이 나기 시작한다. 아니 노인네 말동무라고? 그걸 해서 도대체 얼마나 버나? 맘에 들려고 얼마나 애를 썼을까? 안 잘리려고 눈칫밥은 또 얼마나 먹었을까. 아마 죽고 싶었을지도 몰라, 하는 생각마저 들었다.

작가들의 작가로 불리는 비비언 고닉Vivian Gornick은 이 말을 자신의 두 책에서 다 차용했다. 그녀는 결혼은 안 해도 잠시 사랑한 남자친구도 있고, 게이 남친과 정기적으로 만나 대화를 나눈다. 사나운 애착 관계인 엄마에게나 세상에게나 늘 당당하다. 짝이 있거나 없거나 더 나은 삶을 살아야 할 기회는 누구에게나 주어져야 한다. 결혼이 뭐 그리 대수라고, '짝'이라는 말로 있음과 없음의 경계를 긋는가. 지우리, 그 선線.

책을 보는데, 번역자의 이름이 낯익다. 몇 년 전인가 한번 밥술을 함께했던 날이 기억난다. 나는 얼른 전화를 했다. "왜 작가들의 작가에요? 암만 읽어도 소설이 그다지 특출 나지 않던데……"

"저도 잘 모르겠어요. 아마 자전적인 에세이에서 보여준 자기 서사의 글쓰기가 동시대의 작가들에게 새롭거나 인상적이었나 봐요. '회고록의 부흥을 가져온 독보적인 작가'라는 평가를 받은 걸 보면요."

뉴욕에 살면서도 뉴욕을 그리워하는 그녀가 걸어간다. 뉴욕은 그녀에게 위안이 되는 도시이다. 그녀가 거리를 걸어가다가 뒤돌아서서 묻는다.

"당신의 인생은 체호프 식이에요? 셰익스피어 식이에요?"

3부

이토록 사치스런 우울

영원한 불확실성의 확실성

차가운 레몬티에

마리오 란자의 〈무정한 마음Core 'Ngrato〉을 들으며

읽는 책.

디트마어 엘거, 『게르하르트 리히터-영원한 불확실성』, 이덕임 옮김, 을유문화사, 2024.

674? 18? 600? 1?

도대체 이건 무슨 암호인가?

책 674 페이지, 화집 18만원, 경매가 600억 원의 기록을 보유한 가장 비싼 작품의 생존 작가 세계 1위!

화집이 너무 고가여서 멈칫했다. 독서 에세이 쓰다가 살림 거덜 나는 거 아냐, 하는 생각마저 들었다. 그냥 인터넷 서치해서 이미지나 보고 말지 뭐, 원작도 아닌데 화보집까지 사서 봐야 할까, 싶기도 했다. 물론 보면 좋겠지만 그것도 과욕일지 모른다. 그 순간 마음속에서는 자기가 좋아하는 것은 밑바닥까지 알아야만 직성이 풀리는 못된 성격이 또 발동되려고 요동을 치기 시작했다. '가방이나 옷은 비싸도 사면서 왜 망설여? 게다가 네가 좋아하는 그림책이잖아?'

갑자기 마음이 바빠졌다. 나는 모아두었던 도서상품권에다 다른 상품권들까지 싹싹 긁어모아 결국 저질렀다. 원작은 못 봐도 비스름한 도판이라도 보고 써야지 하는 생각이 마음을 세게 잡아당겼다. 한 달을 기다렸다. 책이 그리워 마음이 두근거렸다. 드디어 도착했고, 한 마디로 '어메이징'이다.

두 손으로 들기도 어려운 이 거대한 사이즈의 화

집 이름은 게르하르트 리히터Gerhard Richter의 『Life and Work』이다. 책을 들추자 역시 그의 대표작인 '촛불과 해골' 시리즈가 눈에 들어온다. 17세기 유럽에서 흑사병이나 종교 전쟁 등의 비극적 경험으로 인하여 탄생한 정물화 장르이다.

vanitas vanitatum et omnia vanitas.
(헛되고 헛되다 인생만사 헛되다.) - 전도서 1:2"

바니타스vanitas. 라틴어로 '공허' '무의미' '허영' 등의 의미로 인생의 덧없음과 세속적 가치의 허망함, 인생무상 등을 나타낸다. 그는 이 기법에 관심을 갖고 '촛불과 해골'을 소재로 한 그림을 많이 그렸다. 특히 이미지를 마치 초점이 맞지 않는 사진기로 찍은 것처럼 뿌옇게 그렸는데, 힘든 세월을 겪은 그로서는 이 모든 게 다 덧없다고 느껴졌던 걸까. 드라마틱한 삶이 오히려 마음을 담담하게 가라앉힌다.

나는 〈Betty〉와 〈Ella〉 두 작품을 좋아한다. 베티의 뒷모습과 엘라의 내리깐 두 눈의 시선은 기막히게 매력적이다. 그 두 눈에 당신의 두 눈을 맞춰보시길.

옛 동독의 드레스덴에서 태어난 이 화가는 1961년 베를린 장벽이 세워지기 직전 서독으로 이주해, 뒤셀도르프 아카데미에서 동독의 '사회주의 사실주의'에 대응해 형성된 '자본주의 사실주의'를 그린다. 당시 미국에서 선풍을 일으킨 팝아트의 독일적 변형이랄까. 그의 이런 그림의 과정이 영화 〈작가 미상Werk ohne Autor 〉(2018)에 자세하게 나온다. 성공 직전까지의 그의 일대기가 비교적 잘 그려져 있다.

그의 추상화들이 엄청난 가격으로 팔리지만, 가슴이 쿵 내려앉을 만큼은 아니다. 잭슨 폴락과 마크 로스코 이후에 아직까지 어느 작가도 내 마음에 닿지 못하고 있다. 완전히 개인적인 취향일 뿐이다. 어차피 느끼는 것은 자유다. 그의 말처럼.

나는 어떤 목적도, 체계도, 방향추구도, 스타일도 사명도 갖고 있지 않습니다. 나는 제약 없고 규정적이지 않은 것, '끝없는 불확실성'을 좋아합니다.

– 『게르하르트 리히터–영원한 불확실성』 서문 중에서

태양의 후예는 혼자였다

부르고뉴 뫼르소 와인에

린 르노의 〈물랑루즈Moulin Rouge〉를 들으며

읽는 책.

알베르 카뮈, 『태양의 후예』, 김화영 옮김, 책세상, 1998.

'카뮈Albert Camus(1913~1960)'를 생각하면 알제리의 황량한 고원지대에 서 있는 그의 그림자와 바람, 어머니가 떠오른다. 이방인 뫼르소의 얼굴에 비쳤던 태양은 고독한 삶의 땅 위에도 어김없이 내리꽂힌다.

그리고 단편소설 「손님L'Hôte」이 늘 나의 머리끝과 카뮈의 손끝을 잡아당긴다. 이 책은 카뮈가 1950년대 말, 프랑스 식민지였던 알제리에서 프랑스 정부군과 알제리 민족해방전선 사이에 전쟁이 일어났을 때 쓴 작품이다.

소설 속에서 주인공 '다뤼'의 말, "하늘과 벌판, 그리고 저 멀리 바다까지 펼쳐진 아득한 땅을 바라보았다. 그가 그다지도 사랑하는 넓은 벌판에 그는 여전히 혼자였다."란 문장이 가슴을 쪼개고 파고든다. 많은 사람이 그를 사랑했지만, 담배를 물고 바바리 깃을 올린 채 시니컬한 미소를 짓는 카뮈의 이미지에서 '여전히 혼자였다'는 느낌을 지울 수 없다.

그가 외로움과 고독, 죽음에 대한 존재론적인 문제를 문학적으로 천착한 줄은 알겠지만, 나는 왠지 그의 외로움은 '어머니'에게서 시작되고 끝나는 듯한 느낌을 지울 수 없다. 어머니가 모든 슬픔 그 자체일 때는 그 존재가 사라져도 절대 지워지지 않는다. '존재'에 대한 사유의 시작점이다.

프랑스어로 '검은 발'이라는 뜻의 '피에 누아르Pied-Noir'는 알제리가 프랑스 식민 상태에서 벗어나기까지 알제리에 거주하던 프랑스인들을 의미한다. 알제리에서 태어나 아랍인과 백인 두 집단의 어느 편도 들 수 없었던 알베르 카뮈. 주목받는 지식인으로서 '알제리 프레임'으로 겪었을 극심한 고통이 느껴진다. 그물에 걸린 새 같았겠지. 다 벗어버리고 자유로워지고 싶었을 그의 마음에 나는, 늘 저 소설이 '카뮈' 같다.

프로방스 특유의 메마른 아름다움을 기리는 젊은 사진작가 앙리에트 그렝다Henriette Grindat(1923~1986)와 비약과 생략으로 더 아름다운 시적 텍스트를 쓴 카뮈는 이 지방을 샅샅이 누비고 다녔다고 한다. 두 사람은 '삶'이라는 그 짧은 순간의 덧없음, 그러나 찬란한 섬광의 모습을 이 사진집에 담았다. 서른 개의 창문이 누군가가 다가오면 열어줄 준비를 하고 있다.

거기에 유별난 우정의 주인공인 시인 르네 샤르René Émile Char(1907~1988)의 서시 〈순간 순간〉과 역자 김화영의 아름다운 주석이 사중주를 이룬다. 당신을 만나고서야 비로소 느끼는 '기쁨'은 얼마나 고귀하고 찬란한가. 카뮈와 르네의 일생의 우정. 부럽지만 나도 있을 법하다.

2012년 5월, 프로방스 여행을 열흘간 했다. 내가 가고 싶다고 조르자 "그래, 가자. 그렇게 가고 싶으면, 가야지!" 하던 정자언니. 일생 다닌 중 제일 흥분되는 여행이었다. 프로방스는 지나치게 아름다웠고, 이방인의 머리위로 찬란한 태양이 흠씬 내리비쳤다. 그때 일행에서 빠져나와 방스 2층 카페에서 홀로 마신, 내 생애 최고의 커피 한잔이 입술 밑으로 느껴진다.

어느 날, 한 줄 예고도 없이 세상과 홀로 작별한, 빨간 가죽점퍼를 입고 좋아하던 정자언니의 터질 듯한 웃음소리가 태양 속으로 사라져간다. 아듀!

진실은 인간의 얼굴 모습을 갖고 있다.

– 알베르 까뮈, 『태양의 후예』, 김화영 옮김, 책세상, 122쪽.

릴케의 비가에 접속하다

차가운 맥주에

자크 오펜바흐의 〈자클린의 눈물〉을 틀어놓고

루 살로메를 생각하며 읽는 책.

라이너 마리아 릴케, 『두이노의 비가』, 손재준 옮김, 열린책들, 2014.

군산, 하면 적산가옥과 한산한 거리, 영화 〈8월의 크리스마스〉가 떠오른다. 문학기행으로 온 여행에서 그곳에 새로이 삶의 둥지를 튼 후배 화가와 젊은 사진작가를 만났다. 후배의 화실은 그림만이 존재하는 듯 비어 있는 공간이 외로움을 느끼게 했으나, 왠지 그 황량함이 편하고 좋았다. 그녀가 편해진 걸까. 첫 만남인데 사진작가의 바다처럼 깊은 두 눈이 한참이나 내 안을 좇아다녔다. 젊은데, 무슨 마음으로 여기에 내려왔을까. 가끔 생각은 해도 실제로 용기를 내는 건 쉽지 않은 일인데…….

나는 여행지의 아름다움보다는 이렇게 사람의 냄새에 더 끌린다. 여행할 때마다 지역의 미술관을 꼭 찾아가는데, 예술과 예술인을 느끼는 시간이 그 땅과 사람들을 이해하는 첫걸음 같아서다. 거리에 늘어선 집들에서도 군산의 냄새가 묻어난다.

군산의 거리를 걷는다. 느릿느릿 천천히. 그 걸음 밑으로 시간이 숨어든다.

독립서점 마리서사에서 멈춰 선다. 19세의 시인 박인환이 종로 낙원동에 연 '문학과 예술 전문서점' 마리

서사에서 이름을 따왔다는데, '마리'란 이름은 프랑스의 화가 마리 로랑생의 'Marie'에서 얻은 것이다. 마리 로랑생의 환상적인 그림이 머릿속에 어슴푸레한 이미지로 남아 있다. 형체가 확실하지 않고 선線이 애매해서 이상스레 더 환상적으로 느껴졌던 그림들. 확실하지 않아서 아니 흐릿해서 좋았던 기억이 있다.

한 권의 책 앞에 눈길이 멈춘다. 라이너 마리아 릴케 Rainer Maria Rilke(1875~1926)의 『두이노의 비가Duineser Elegien』. 제목만 겨우 기억하는, 나와는 '거리가 먼' 책이다. 저토록 근사한 이름의 책을 겉표지만 보고 쓱 지나치다니……. 어느 날인가부터 나는 그게 부끄럽게 느껴졌다. 그래, 책에 대한 정보가 아니라 책을 읽자. 책을 펴서 페이지를 한 장씩 찬찬히 넘기며 읽자.

이 책은 여덟 개의 파트로 나뉘어져 있는데, 제목인 '두이노의 비가'는 맨 끝 파트에 있다. '두이노'는 이탈리아 북부의 아드리아 해가 내려다보이는 곳으로, 릴케는 그곳 두이노 성에서 처음으로 이 책을 쓰기 시작했다고 한다. 아름다운 바다, 고독하고 막막해서 외로운 바다에서 그가 보고 느낀 것들이 이 책에 담겨 있는 걸까. 외로울 때는 가슴이 절로 바다를 향한다는데.

읽기가 영 쉽지 않았다. 릴케 자신도 "비가는 나의 능력을 훨씬 뛰어넘고 있다"고 했으니 오죽하랴. 나는 둘째 파트의 '형상시집'이 좋았다. 우선은 비교적 읽기가 편하고 묘사가 명확해서 마음에 선뜻 다가왔다. 이 작품은 사물에 대한 깊은 관조와 형상화가 뛰어나다. 형상화의 독특한 분위기가 나를 이끈다.

그중 〈문둥이의 노래〉를 읽다가, "나를 알리는 슬픈 신호를 보낸다."에 눈이 멎었다. 시 구절 한가운데에 한 하운 시인이 서 계셨다. "어처구니없는 벌이올시다."라며 가슴에 손을 대고 하늘을 쳐다보는 시인의 눈가가 촉촉한 듯도 했다.

혀끝에 맴도는 이름의 여인을 그리워하시는가. 어디선가 보리피리 소리가 들리는데…….

무릎에 앉힌 아름다움

압생트 한잔에

캔서스의 〈Dust in the Wind〉를 들으며 읽는 책.

아르튀르 랭보, 『지옥에서 보낸 한철』, 김현 옮김, 민음사, 2016.

랭보, 라는 이름을 소리 내 부르는 순간 마음이 아련해진다. 괜히 설레고 이상하게 사랑의 감정에 휩싸인다. 이건 어디에서 오는 기류인가. 괴물 같은 영혼, 지독한 방랑벽, 독설, 광기, 치명적 동성애, 다리 절단으로 온 죽음, 상식을 벗어난 시인, 천재 그 자체인 천재……. 이런 말에서 오는 마력인가. 아니 말이 모자란다. 랭보Jean Nicolas Arthur Rimbaud(1854~1891)는 랭보라는 이름만으로 이미 충분하다.

사랑하지 않을 수 없는, 내 마음 아리게 하는 시인!

내게 '지옥'이란 말은 단테Dante Alighieri(1265~1321)의『신곡 La Divina Commedia』을 의미한다. 1300년 봄, 35세의 단테가 부활절을 전후하여 일주일간 '지옥부터 천국까지 저승을 여행하는 책'이다. 라틴어가 아닌 피렌체 민중언어인 이탈리아어로 쓰인, 총 14,233행에 달하는 방대한 분량의 서사시다. 그중 지옥Inferno편이 가장 인기 있는 건 두려우면서도 궁금한 마음 때문이 아닐까 싶다.

랭보는 왜 '지옥'을 책의 제목으로 골랐을까. 자기 손으로 출판한 유일한 완성본인데, 1873년 여름에 쓰여

진, 열아홉 살의 기록인데······. 이런, 19세라니!

투시자Voyant가 되는 길을 발견하기 위해 온갖 종류의 방탕에 몸을 바친 천재이자 광기의 시인 랭보. 그에게 단번에 빠진 폴 베를렌Paul-Marie Verlaine(1844~1896)은 랭보와 함께 55도의 압생트를 '시인의 세 번째 눈'이라면서 즐겨 마셨다. 각설탕을 전용스푼에 올리고 아주 천천히 물이나 압생트를 떨어뜨리면, 순간 희뿌연 연기에서 에메랄드빛의 그린 색으로 바뀐다는 술. 피카소부터 고흐, 고갱, 마네, 로트렉까지도 그렇게나 사랑했다는 마법 같은 압생트. 자기의 글이 미래의 근원이 되길 바란 랭보인데 어찌 이 술을 마시지 않을 수 있으랴. 녹슬어버린 영감이 되살아나기만 한다면 나도 당장 마시고 싶다. "어느 날 저녁, 나는 무릎에 아름다움을 앉혔다. 그런데 가만히 보니 그녀는 맛이 썼다."라는 랭보의 글귀를 안고서, 나도 퇴폐 속으로 달려가고 싶다.

그런데 이상하다. 베를렌과 격정적인 사랑에 빠진 시기였는데 지옥이라고? 비록 비극적인 결별을 맞이하지만, 그렇다고 지옥으로 그릴 것까지야 뭐 있을까. 한 가정의 평범한 삶을 파괴하면서 얻은 사랑은 예고된 지옥의 길이란 것을 모르지 않았을 텐데. 어쩌면 랭보는

런던에서 베를렌과 지내는 동안 행복보다는 지옥을 더 많이 경험했을지 모른다. 돈은 떨어져가고, 유부남과의 동거는 늘 불안과 고통이 뒤따르기 마련이니 '지옥'이 곁에 서 있는 것처럼 느껴질 수도 있었겠지. 영화 〈토탈 이클립스Total Eclipse〉에서 디카프리오의 연기가 그 고통에 제대로 들러붙었다.

『신곡』 제3곡에 나오는 '지옥의 문' 꼭대기에 "여기 들어오는 너희는 모든 희망을 버릴지어다"라는 말이 있다. 랭보는 알았는지도 모른다. 결국 그들의 사랑이 희망을 잃게 될 거라는 걸. 어두운 숲속을 헤매는 랭보의 머리 위로 올바른 길을 안내할 '별stelle'이 저 하늘 위에 반짝였는데.

그대, 스치고 지나갔던가. 세상에 눈을 감고 바람처럼 사라지다니······.

목 조르긴 매한가지

와인잔 가득 메독을 따르고

올리비아 투쌩의 〈Eden is a Magic World〉를

들으며 읽는 책.

에밀 졸라, 『결혼, 죽음』, 이선주 옮김, 정은문고, 2019.

그가 걸어가는 발자국마다 '나는 고발한다'라는 함성이 신발 밑창으로부터 새어 들어온다. 피할 수 없다. 신발을 바꿔 신어도 소용없다. 한번 비에 젖은 신발에서 나는 냄새는 사라지지 않으니까.

나에게 외국 소설가를 두 명만 뽑으라면 표도르 도스토옙스키Fyodor Mikhailovich Dostoevsky(1821~1881)와 에밀 졸라Émile Zola(1840~1902)이다. 도스토옙스키는 무조건 좋아해서이고, 에밀 졸라는 읽으면서 맨 마지막 장을 덮을 때마다 매번 놀라기 때문이다.

나는 러시아에 대한 환상은 있었지만, 프랑스에 열망이 있지는 않았다. 러시아 여행을 할 때 프로그램에 일부러 밤 열차 여정을 넣었다. 차창으로 자작나무 숲을 내다보고 싶어서……. 밤새 자는 둥 마는 둥 하다가 아침에 졸린 눈을 비비고 눈이 빠지게 내다봤다. 하지만 자작나무는 생각보다 너무 시시해서 맥이 빠졌고, 서운한 마음을 여행 가방에 쑤셔넣어야 했다. 느닷없이 떠난 프랑스 일주 여행은 그 반대였다. 왜 예술가들이 이 땅으로 오는지 알 것 같았다. 풍문만 듣고 머릿속으로 그린 이미지와 실제 현실은 그렇게나 다른 것이다.

'자연주의 대가'라는 유명세에 홀려서가 아니라 그저 에밀 졸라의 소설이 재미나서 계속 읽었다. 『테레즈 라캥』부터 『목로주점』 『나나』 『여인들의 행복 백화점』 『제르미날』 『작품』, 그리고 맨 끝으로 『결혼, 죽음』을 읽었다. 저 『작품』 때문에 작가가 친구인 폴 세잔Paul Cézanne(1839~1906)과 결별한 일은 가슴 아프다. 우정인가, 작품인가. 늘 답변이 궁해지는 질문이다.

소설 『결혼, 죽음』을 손에 든 순간, 궁금했다. 결혼이 죽음인가. 결혼 옆에는 늘 죽음이 파트너처럼 어슬렁대고 있나. 결혼과 죽음의 상관관계를 생각하며 책을 폈다. 단편소설이라 짧은데 여운이 길게 남았다. 처절하게 냉담한 여운이었다. 차라리 칼로 베이듯이 날카로운 게 낫겠다. 풍자라고 넘기기엔 입안의 모래 같은 것이 오래 꺼끌거렸다. 너무 대놓고 들여다봐서 건조하고 메마르다. 장편에서 보여주던 눙치는 맛도 적다. 『테레즈 라캥』처럼 손에 땀을 내게 하는 감정이입도 없고, 프랑수와 모리악의 『테레즈 데케루』까지 찾아 읽게 만드는 힘도 없다. 그런데 결혼과 죽음의 진실한 모습을 제대로 직면한 기분이 들었다. 재미있는 서사나 감동 어린 장면도 없어 서점에서도 서가의 맨 위나 맨 아래 칸에 놓일 것 같은 책이지만 먼지를 툭툭 털고 보면 보물 같은, 그런 책이다.

피하지 않아서 엿볼 수 있었다. 결혼과 죽음이라는 뒷그림자를. 내 안의 굉음을 울리는 진실을. 마르틴 루터의 그 유명한 진실의 말을. "와인은 강하다. 왕은 더 강하고, 여자는 더욱 더 강하다. 그러나 가장 강한 것은 진실이다."

며칠 후 새벽, 한 생각이 스치고 지나갔다. 결혼과 죽음이 바로 '삶'이 아닌가.

음악이 먼저 시가 먼저

붉은 벨벳 같은 피노누아 와인 한 잔에

메르세데스 소사의 〈Alfonsina Y El Mar〉를 들으며

읽는 책.

알폰시나 스토르니, 『달콤한 고통』, 신정환 옮김, 아트앤북, 2022.

음악을 들을 때 한 곡을 여러 가지 버전으로 듣는다. 같은 곡이라도 가수와 편곡, 나라에 따라 느낌이 다르기 때문이다. 음악 극작가를 하다가 생긴 버릇인데, 한번 몸에 밴 습慣을 떼어내기란 쉽지 않은 것 같다.

〈알폰시나와 바다Alfonsina Y El Mar〉라는 음악이 꽤 좋았다. 그래서 변주곡들을 찾아 하나씩 듣기 시작했다. 거의 50여 개나 됐다. '바다'라는 스페인어는 알아듣겠고, 알폰시나가 뭔가 궁금했다. 찾아보니 아르헨티나의 시인 알폰시나 스토르니Alfonsina Stroni(1892~1938)였다.

100년 전 지구 반대편에서 한 시인이 고통을 겪으며 시를 썼고, 21세기가 되어서야 그녀의 시가 한국에 도착한 것이다. 아르헨티나와의 거리가 그토록 멀었나. 그렇게 모르다니. 모르고 살아도 아무 문제는 없다. 하지만 알폰시나를 아는 사람끼리는 가슴 끝이 아린 기분을 공감할 수 있을 것이다. 음악이 우리에게 시인을 데려다주었다.

아르헨티나는 독특한 나라다. 문화 선진국이라는 자부심이 강하다. 보르헤스 같은 훌륭한 작가를 많이 배출했고 피아졸라의 탱고가 있으며 국민들은 책 읽기를 좋아한다. 세상에서 제일 아름다운 '엘 아테네오' 서점이 있는 나라이다. 나는 반도네온을 통해서 흘러나오는 피아졸라의 음악을 들을 때마다 심장이 출렁댄다. 아르헨티나의 탱고 시대를 연 탱고 혁명가 옆에, 우리들의 영원한 혁명가 체 게바라가 함께 서 있는 모습을 상상하면 가슴이 뻐근해진다.

그런데 이런 멋진 나라도 여성 작가에 대한 차별과 장벽은 다르지 않다. 왜 여자들에게 세상은 그리도 야박할까. 뭘 어쨌다고…….

알폰시나 스토르니는 스무 살부터 아들 알레한드로를 키운 싱글맘이다. 열정적 페미니스트로, 아르헨티나의 아버지들은 딸들에게 그녀의 책을 금지했다. 알폰시나는 늘 가난에 시달렸다. 라틴아메리카를 대표하는 여성 시인으로 선정되고도 형편이 나아지지 않았다. 그녀는 지독한 고통을 주는 암에 시달리다 아들을 등 뒤에 두고 스스로 삶을 중단시켰다. 그 아들이 교사로 97세까지 살았다는 사실에 내 입에서 감사의 기도가 절로 나왔다.

얼마나 숨죽이고 참았을까. 그토록 치명적인 고통을 그녀는 달콤하다고 했다.

〈Alfonsina Y El Mar〉의 노랫말이 그녀의 시인 줄 알았는데, 아르헨티나 작곡가 아리엘 라미레스Ariel Ramirez(1921~ 2010)와 시인 펠릭스 루나Félix César Luna(1925~2009)가 그녀의 영혼을 위해 쓴 것이었다. 이 노래는 '인류의 목소리'라 불리는 민중가요 가수 메르세데스 소사Haydée Mercedes Sosa(1935~2009)에게 헌정된다.

"Dormida, Alfonsina, vestida de mar."

(잠들다, 알폰시나, 바다의 옷을 입고.)

저 기막힌 운율이라니!

당신의 이마 위로 가냘픈 햇살이

얼그레이 밀크티에

사이먼 앤 가펑클의 〈Scarborough Fair〉를

들으며 읽는 책.

이지운, 『시절한시時節漢詩』, 유노라이프, 2024.

영문과를 나온 후배가 있는데, 해외여행만 가면 절대로 그 사실을 말 못 하게 한다. 영문과 나왔는데 영어 한마디 못해서 창피하다며 마구 손사래를 친다. 동감이다. 나도 중문학을 전공했지만 신발주머니만 들고 다니다가 겨우 졸업한 처지라, 한시漢詩처럼 격조 있고 고상한 분야는 알지 못한다. 이런 말 못 할 사정으로 그동안 그 근처는 일부러 피해 다녔다.

그러다가 이지운의 『시절한시時節漢詩』를 읽고 난 후 조금 자신감이 생겼다. 어라, 별일이 다 있군. 이제 한시 동네에 신고식을 해도 되겠는데 하는 마음이 들뿐만 아니라, 한시를 좀 더 읽어봐야겠다는 생각이 생기더니, 심지어는 공부하는 모임에 들어가 볼까 하는 욕심마저 났다. 순전히 책의 힘이다.

'한시의 초대장'을 받고서 책 속으로 걸어 들어간다. 제법 들어본 이름들이 눈에 뜨인다. 두보와 이백, 소동파 같은 이름은 보니 친숙하게 느껴진다. 한시는 천여 년 전부터 백여 년 전까지 중국과 한국 사람들이 한자로 쓴 시를 말한다. 그런데 순간 이런 생각이 든다.

'읽을 책도 많은데 천 년 전 시까지 읽으라고? 어려운 한자라 골치가 아플 텐데. 아니라고? 현대시보다 쉽다는 게 정말일까. 고된 삶에 응원이 되고, 영혼의 울림을 들을 수 있고, 품격과 우아가 베일처럼 머리 위에 얹힌다는데……'

정말 친해질 수 있을까 싶다. 사실 아직은 낯설다. 마음만 먼저 가 닿았다. 몸은 어깃장을 놓으며 질질 끌려오는 중이다. 다만 '시절'이란 말이 위로가 된다. 그래. '시절인연'이라는 말도 있듯이, 예전엔 몰랐어도 지금쯤은 마음에 털썩 닿을 수도 있겠지.

제일 먼저 두보杜甫(712~770)의 "강변에 꽃이 흐드러지니 이를 어쩌나/ 알릴 곳 없어 그저 미칠 지경이네"가 보이더니, 당唐대 시인 이섭李涉의 "덧없는 인생에서 반나절만큼의 여유를 훔친 셈이네"가 눈에 들어온다. 조선시대 김시보金時保(1658~1734)의 "얘야, 나의 시가 아직 완성되지 않았으니, 자꾸만 타고 갈 말 챙기지 말렴"이라는, 친정에 왔다가 떠나는 딸을 붙잡고 싶은 마음으로 쓴 한시도 만져진다. 하지만 마음이 생각한다. 아직 아닌데, 더 찾아봐. "저녁 되어 비낀 햇살이 많이 따뜻하진 않지만/ 서쪽 창에 비쳐 들면 역시나 마음 흐뭇하네." 양만리楊萬里(1124~1206)의 〈고한苦寒(모진 추위)〉의 한 구절에 마음이 찔린다. 롤랑 바르트Roland Gérard Barthes(1915~1980)의 푼 크툼Punctum을 들먹여야 할까. 인생의 고난과 시련을 모 진 추위에 비유한 이 한시에서 저 '비낀 햇살'이란 말에 내 눈이 찔끔거린다. 한겨울의 저녁 햇살은 가냘프다. 하 지만 그 힘은 다른 계절에 비해 약하지 않다. 힘들기에 더 소중하고 절실하고, 감사하다. 가냘픈 햇살 한 줄기 를 잡고 일어선다. 그 햇살이 때론 사람이다가 희망이다 가, 더러는 봄 햇살을 기다리는 시간이다가 위로가 되는 따스한 말이기도 하다. 지금, 내게는 그렇다.

이 '한시 에세이' 안에는 중문학자인 작가가 비교문 학을 했나 싶을 정도로 타 문학에 대한 시선이 깊게 펼 쳐져 있다. 생각지 못한 12월의 선물이다. 작가의 글을 빌린다. 미셸 투르니에가 말했다는 크리스마스와 새해 사이의 '괄호 속의 시간'이 우리 앞에 기다리고 있다. 이 런 멋진 괄호를 처음 본다.

아침꽃 저녁에라도

옌타이주 한 잔에

장학우의 〈가슴 아픈 수많은 이유들一千个伤心的理由〉을

들으며 읽는 책.

루쉰, 『아침꽃 저녁에 줍다朝花夕拾』, 김하림 옮김, 그린비, 2011.

번역이 참 좋다. 저 '아침꽃'이란 말을 아침'의'라는 소유격을 쓰거나, 아침꽃'을' 하고 목적격 조사를 붙이지 않아서. '줄임'의 미학. 다 쓰거나 모조리 설명하지 않는 마음이랄까. 사실 책의 제목은 하늘이 내려준다고 할 만큼 정하기가 어렵다. 나는 이 제목이 어찌나 좋은지, 가만히 소리 내어 읽어보았다. 언어가 안고 있는 풍미가 입 안 가득 번진다. 갓 구운 따스한 빵 위에 얹은 버터가 입 안을 한순간에 사로잡듯이.

아침꽃인데 저녁에야 줍다니, 무슨 의미인가.

원 제목은 '옛 일을 다시 들추기'인데 고쳤다고 한다. 글 열 편이 모두 '기억' 속에서 더듬어낸 것이라서 저리 골랐던 모양인데, 이 제목으로 정해져서 다행이다. 격이 다르고, 느낌은 더 다르다. 루쉰魯迅(1881~1936)은 "물론 아침 이슬을 함초롬히 머금은 꽃을 꺾는다면 색깔도 향기도 훨씬 더 좋았을 터이나, 나는 그렇게 할 수 없다"고 말한다. 당시의 편치 않은 상황에서는 그게 무엇이든 재현하기가 어렵다는 고백이다.

나는 스르르 생각에 빠진다. 만약 아침부터 이슬을 함초롬히 머금은 꽃을 꺾어버리면, 다른 사람들은 어떻게 볼거나. 떨어진 꽃이지만 저녁에라도 집어 들 수 있으니 다행이다. 게다가 아침이든 저녁이든 시간이 무슨 상관이랴. 꽃을 본 것만으로도 이미 족한 게 아닐까. 시간의 무게마저 초월하려는 문장이라는 생각이 든다. 도피 중이었던 상황 속에서 루쉰 자신은 모든 것을 초월하고 싶지 않았을까. 나라면 어쨌을까, 이런 생각을 하니 단박에 그의 심정에 스며든다.

루쉰은 이 책 안에 실린 열 편의 서정산문과 서문, 후기를 1926년부터 일 년 반 정도에 걸쳐 썼는데, 이 시기에 그는 베이징에서 발생한 '3·28 참사' 배후로 지명되어 샤먼과 광조우, 상하이를 옮겨 다니는 가혹한 삶을 살았다. 배경이 그러한 까닭에 글도 첫 두 편은 베이징의 거처 동쪽 방에서 썼고, 그 다음 세 편은 이리저리 피신해 다니면서 병원과 목공소에서 쓴 것이며, 나머지 다섯 편은 중국에서 아름다운 캠퍼스로 불리는 샤먼대학 도서관 이층에서 썼다고 한다. 글쓰기를 운명처럼 생명처럼 여기는 작가인데, 아침에 눈을 뜨면 평온한 서재는커녕 불안한 도피 상태에서 글을 써야 하다니. 그 심정의 골짜기가 어떠했으랴.

고향 샤오싱에서 보낸 유년시절에 대한 기억의 묘사
가 돋보이고, 서정적 산문들이 미문이긴 하나, 작가 특
유의 풍자와 조소는 여전히 번득인다는 평을 받는 책이
다. 하지만 나는 그의 글이 미문美文이라는 생각을 한 적
이 없다. 메마른 삭풍이 부는 듯, 몽둥이를 숨긴 채 눙치
며 웃거나, 죽비를 단숨에 내리치는 문장들로 가득하다.
그저 내가 받은 느낌일 뿐이다.

　　어린 시절부터 신해혁명까지의 기억을 되살리면서
무엇을 생각했을까. 그의 기억 속 그 감칠맛 나는 일들
이 떠오른다. 청상과부 보모 키다리 어멈이 루쉰을 위해
알지도 못하는 『산해경山海經』을 구해 온 일이나, '제놀이'
를 가려고 『감략監略』을 읽고 또 읽고 억지로라도 기억해
내서 숙제를 내준 아버지 앞에서 단숨에 내리 외우는
장면은, 영화 〈흐르는 강물처럼〉에서 브래드 피트가 릴
낚시 가려고 긴 글을 한 줄의 문장으로 줄인 뒤 웃으며
강으로 가던 씬을 떠올리게 한다.

　　그의 기억이 엉뚱한 기억을 불러내었다.

카프카의 엽서 한 장

리처드 용재 오닐이 연주하는

드보르작의 〈어머니가 가르쳐준 노래〉를 틀어놓고

럼주를 홀짝이며 읽는 책.

프란츠 카프카, 『카프카의 엽서-그리고 네게 편지를 쓴다』, 편영수 옮김, 솔, 2017.

"나는 우리를 깨물고 찌르는, 다만 그런 책들을 읽어야 한다고 생각해. (…) 한 권의 책은 우리 안의 얼어붙은 바다를 깨는 도끼여야 해!"

카프카Franz Kafka(1883~1924)가 친구인 오스카 폴락Oskar Pollak(1883~1915)에게 보낸 편지에 나오는 그 유명한 문장이다. 나는 아무리 기억의 회로를 돌려봐도 '편지'로 친구와 이런 문학적인 이야기를 한 일이 없는 것 같다.

이제 '편지를 쓰는 일'은 외계어 사전에나 나올 만큼 어색한 말이 돼버렸다. 쓰지 않으니 그 의미나 존재성이 점점 사라진다. 대신 하루 종일 SNS나 카○에 말을 단다. 그 시간을 모으면 인생의 몇 분의 일이 될까. 인생을 쓸데없이 마구 버리고 있는 셈이다. 아마 '좋아요'를 누르다 인생 끝낼지도 모르겠다. 편지 한 통도 못 쓰면서.

카프카는 편지를 지독히도 많이 썼다. 『카프카의 엽서-그리고 네게 편지를 쓴다』에 담긴 편지는 모두 120통인데, 그 중 101통이 누이동생 오틀라Ottla Kafka(1896~1943)에게 보낸 편지다. 이것도 빙산의 일각이라고 한다. 그 빙산의 '보이지 않는 거대한 부분'은 남매의 평생 동안의 내밀한 대화이다. 그런 대화의 편지를 죽음에 이르기까지 25년 이상 주고받았다고 하니 놀랍다.

이 두 사람의 관계는 단편소설 「변신Die Verwandlung」에서 그레고르와 그레텔로 남매로 변주된다. 작품 속 남매의 이름인 그레고르와 그레텔 사이의 '음音'의 유사성이 둘의 뿌리 깊은 친밀감을 나타낸다는데, 정말 그렇게까지 의도했을까 싶다. 하지만 작가들의 치밀함과 처절한 집착을 생각하면 이해가 안 되는 것도 아니다. 그레고르 잠자의 '잠자'라는 이름이 체코어의 어원에서 볼 때 '나는 고독하다'는 뜻이라는데, 그걸 이름으로 정한 카프카의 내공이 놀랍기만 하다.

카프카가 여행 중에 보낸 그림엽서도 37점이나 된다. 카프카는 잉크를 선호했지만, 여행 중이거나 연금술사 골목의 집에서 편지를 쓸 때는 연필을 사용했다고 한다. 20년 전에 갔던 그 골목이 떠오른다. 카프카가 살았던 파란 대문의 작은 집. 누이동생 오틀라가 빌려줘서 살았던 집이라고 했다. 지금 알고 있는 것을 그때 알았더라면, 그 골목에서 카프카를 좀 더 느낄 수 있었을까.

드디어, 쓸 때가 되었다.

이 이야기를 쓰자니 숨이 막혀 온다. 카프카의 편지

에 대해 쓰면서 말을 안 할 수 없는 그의 아버지.『아버지께 드리는 편지』는 36년간 지속된 부자 간의 갈등을 해소하고자 하는 시도였다고 한다. 문학작품으로 평가하기 앞서 나는 '말하지 못한 고통의 외침이며 절규이고, 호소이며 아픔의 흔적'이라고 감히 말한다. 아버지로부터 억압과 두려움, 고통을 받아본 사람들에겐 느껴진다. 두려움과 슬픔의 눈물이 등 뒤를 적셔 고통의 강이 흐르고 있다는 것을. 원래 47장의 긴 편지를 써서 아버지께 전하려고 했으나, 어머니가 전하지 않는 것이 좋겠다고 하여, 결국 카프카의 편지는 수신인에게 도달하지 못한다. 편지의 첫 문장이 귀에 윙윙거린다. 그 지독한 두려움!

"친애하는 아버지, 얼마 전 제가 왜 아버지를 두려워하는지 물어보셨죠."

카프카 아저씨와 소녀 엘시의 이야기『인형의 편지』(이나무 지음, 김수지 그림, 이숲아이, 2021)를 보며 마음을 다독였다.

"언젠가 우리는 사랑하는 모든 것을 잃게 되지. 하지만 사랑은 언제나 또 다른 모습으로 반드시 우리에게 돌아온다는 걸 잊지 마."

아내의 남자를 만나러 가는 남편

차가운 화이트 와인에

쇼팽의 〈왈츠 7번〉(Op. 64-2)를 들으며

읽는 책!

베른하르트 슐링크, 『다른 남자』, 김재혁 옮김, 이레, 2009.

레이크 꼬모Lake Como. 말하자면, 꼬모 호수인데 이상하게 이 지명만은 레이크 꼬모란 말이 더 잘 어울린다. 밀라노에서 한 시간 정도 걸리는데, 나는 이탈리아에서 패션을 공부하던 막내아들과 기차를 타고 들어갔다.

이탈리아에 유학 오는 한국 학생들은 대개 패션, 음악, 요리, 가방, 구두, 어학 등을 공부한다. 내가 서울교육대학교 부근에 자리한 어학원을 다닐 때 접한 학생들의 지망이 대개 그랬다. 이탈리아어는 재미나지만 배우기가 쉽지는 않다. 학생들은 유학하려는 목적이 있었고, 나는 소위 형이상학적인 배움이 이유였다.

하나의 장면이 떠오른다. 이탈리아 어학원에서 한 학기가 끝나고 종강파티 후, 학생들은 한 달 뒤 밀라노 어디에서 만나자는 약속을 정하느라 바빴다. 그 대화가 너무 부러워 가슴의 울렁거림이 멈추질 않았다. 눈물마저 났다. 난 이제 할 수 없는 저런 약속! 무엇이든 할 수 있는 저들의 나이가 미치도록 부러웠지만, 어찌해볼 도리가 없는 선택지였다. 되돌릴 수 없는 시간이다.

더운 여름날이었다. 이탈리아에 와서 못 보고 가면 두고두고 후회한다기에, 기차를 타고 꼬모로 향했다. 듣던 대로 풍광이 아름다웠고, 레스토랑의 음식이나 분위기도 근사했다. 그야말로 사랑하기에 딱 어울리는 달콤한 호수였다. 사랑은 연인들에게 맡기고, 아들과 나는 꼬모의 옷들을 구경했다. 하지만 역시 패션보다는 '사랑의 동네'였다.

"아내는 죽었다."

『다른 남자 The Other Man』의 첫대목이다. 시립교향악단 제2바이올린 주자였던 그녀의 병명은 암이다. 어느 날, 아내 리자가 죽은 뒤, 편지 한 통이 도착한다. '사랑하는 리자'라는 말로 시작된 편지에는, 아내가 다른 남자와 사랑한 비밀의 말들이 숨어 있었다. 아내의 행적을 추적하던 그는 노트북 안에 'Love'라는 이름이 붙어 있는 수상한 폴더 하나를 발견한다. 비밀번호로 잠겨 있어 아무리 해도 열 수 없었는데 어느 순간 아내가 여행을 떠났던 'Lake Como'를 생각해 낸다. 아, 그게 바로 '패스워드'였다. 그리고 그 안에……. 남녀 간에 일어나리라고 상상할 수 있는 모든 장면이 담긴 사진들이 있었다. 이 남자를 어쩌랴. 그는 질투와 강한 호기심에 사로잡혀 아내의 다른 남자를 찾아 길을 떠난다. 그리고 그를 통해서, 아내의 또 다른 모습을 알게 된다. 건조하고 뿌루

통한 자신과는 다른, 세상을 실제보다 더 아름답게 표현해 주는 남자였다. 그 남자가 아내를 '명랑한 여자'라고 부르는 걸 들으며 남편은 충격을 받는다. 평생을 같이한 남편이 못 본 걸, 다른 남자가 보다니. 하지만 그는 가진 것 없는 허풍쟁이에 불과했다. 허우대만 멀쩡한 그 남자는 돈을 빌려달라고도 한다. 남편은 아내의 남자가 밉지 않았다. 결국 남자들끼리 따스한 시선으로 서로를 이해하게 된다는 스토리이다.

베른하르트 슐링크Bernhard Schlink는 경이로운 베스트셀러 『더 리더 ― 책 읽어주는 남자The Reader』로 유명하지만 이 책 『다른 남자The Other Man』도 매력이 있다. 복잡하고 의미가 과다한 책에 지칠 때쯤 이렇게 간결하고 이야기 구성이 참신한 책을 읽는 것도 정신의 충전이 된다. 이야기가 '진정한 사랑'이라든가 치정의 삼각관계로 흐르지 않고, '소통'에 초점을 둔 점이 마음에 들었다. 영화로도 만들어졌는데, 찾기가 쉽지 않았지만 결국 보았다. 영화 속에 레이크 꼬모의 모습이 보였다. '레이크 꼬모'란 말을 이렇게 다시 만날 줄이야. 그곳에 가본 것이 얼마나 행운인지. 추억이 있는 장소가 배경으로 나오는 작품을 만나면 감정이입이 즉각 발효될 조건이 되니까.

우울의 소울

초록의 정원을 배경으로

차가운 쇼비뇽 블랑 한 잔과 함께

헨델의 〈파사칼리아Passacaglia〉를 들으며 읽는 책.

김소울, 『나를 안아주는 그림 나를 치유하는 미술』, 믹스커피, 2023.

'불안'의 화가, 에드바르트 뭉크Edvard Munch(1863~1944). 무엇에 대한 불안인지는 알 수 없다. 추측만으로 그 말을 얼버무리기에는 벽이 너무 높다. 어쩌면 낮을지도 모른다. 이 언어에는 그 뿌리 끝에 '두려움'이 묻어 있는 것 같아서, 그 언덕을 오르면 발밑이 슬픔의 구름으로 뭉글거리는 게 느껴질 뿐이다.

지난여름에 본 뭉크 전시회가 생각난다. 뭉크를 좋아하는 사람들이 많아서인지 전시 공간에 비해 사람이 넘쳐났다. 좁구나. 물론 메트로폴리탄 미술관이나 MOMA에서도 관람객이 많아 놀랐지만, 다행히 공간이 넓어 답답하지는 않았는데…….

몇 시에 오면 제대로 볼 수 있을까, 하고 안내자에게 물어보니 관람객 시간제한 웨이팅에 대한 불평이 넘쳐서 모두 입장시켰다는 말에, 오늘은 대충 보고 가야겠다고 생각했다. 기다리는 시간도 그림 감상의 하나인데, 기다리면서 마음을 고요히 가라앉히는 것도 그림을 사랑하는 모습이련만, 기다리지를 않는구나. 모두들 바빠서 그렇겠지 하면서도 쓸쓸했다. 어차피 그런 상황이니 오늘은 열 점만 제대로 보자! 그중 세 점이라도 '그분'이 오셨으면 하고 바랐다. 재미있는 건 오슬로의 뭉크갤러리에서도 못 본 〈절규〉를 여기에서 보았다는 사실이다. 늘 세계로 돌아다니느라 바쁜 이 그림을 비롯해서 우울에 관한 일련의 작품들을 접견한 것만으로도 됐다.

이 작품의 배경이 붉은 선으로 그려진 것이 눈에 들어왔다. 우울 안에는 저런 '붉은 피'가, 뜨거운 흐름이 있구나. 가슴 안으로 머릿속으로 무작정, 마구 침입하는 폭발적 감정들이 터지고 있구나. 그러다 소리가 되었구나. 무섭고 고통스러운 외침이.

〈생클루의 밤〉의 창문처럼 작품들 속 '창문'은 그의 우울의 경계를 표현한 장면인가.

그의 예민한 촉수는 창문 너머의 세상으로까지 닿느라 지친 것 같다. 공기 안에 불안이 흘러 다니고, 그 밤은 불면이 대신 서 있다. 예술가의 품에 달라붙어 있는 숙명적인 말, 불안. 내가 불안을 손잡고 있을 때, 불안은 등 뒤에서 내 그림자를 만진다.

집으로 돌아와 김소울의 『나를 안아주는 그림 나를 치유하는 미술』을 꺼냈다. 내가 세상 사람들과의 관계에서 마음이 힘들었을 때 도움을 준 책이다. 사람에게서 못 받은 위로를 이 책에서 받았다. 세상에나 책에 그런 힘이 있다니……. 새삼 다시 깨달았던 기억이 떠오른다. 뭐라고 썼었나. 다양한 그림을 심리적으로 설명한 책으로, 마음이 지친 이들을 위한 미술처방전이라는 주제를 안고 있다.

작가가 묻는다.

"당신은 요즘 어떤 감정들과 살고 있나요?"

행복하다, 화난다, 무기력하다, 지친다, 정신없다, 허무하다, 우울하다, 슬프다……. 무슨 감정을 손에 쥐었든 간에 가슴 안의 소리에 귀를 기울여보라는 말에 나는 '뭉크의 우울'을 집어 든다. 비명까지는 아닌. 그 멜랑콜리하고 화사한 우울을.

당신을 사랑하지 않는 날이 올까

샤르도네 한 잔에

에드 시런Ed Sheeran의 〈Perfect〉를 들으며 읽는 책.

프랑수아즈 사강, 『한 달 후, 일 년 후』, 최정수 옮김, 소담출판사, 2022.

그녀가 아끼는 책이라기에 다시, 천천히, 읽었다. 서재 정리를 위해 책장을 비우다가도 혹여 잘못 덜어내질까 서성대는 모습이 고와서….

『Dans un mois, dans un an(한 달 후, 일 년 후)』

소리 내어 읽으면 기분이 좋아지는 제목이다. 발음 이 아름답다. 프랑스어는 고등학교 1학년 때 배운 게 전 부지만, 세상에서 제일 아름다운 언어라기에 나는 더 이 상 배우지 않았다. '파리'라는 이름만 들어도 지적이고 화려한 예술의 도시가 연상되고, 로맨틱한 사랑 스토리 가 넘치는 프랑스어에 코를 박을 만한데, 멈추었다. 아 름다움이란 것에 이유 없이 알러지가 돋던 나이였다. 세 상은 거친 고통과 슬픔으로 가득 차 있는데, 그게 무슨 위로가 된다고 하며 냉정하게 돌아섰다.

그래서였을까. 프랑수아즈 사강Françoise Sagan(1935~2004) 이 19세에 발표해 베스트셀러 작가가 된『슬픔이여 안 녕Bonjour Tristesse』이 마음에 들었다. 주인공 세실이 세상을 바라보는 시선, 아버지의 연인에 대한 이유 없는 냉소적 인 반응, 강렬하고도 희미한 그 복잡 미묘한 감정, 자기 안의 100가지 색깔을 감추고 그저 차가운 무채색만 내 보이는 모습이 좋았다.

"Bonjour! tristesse!"

저 제목을 찾느라 사강은 뭘 했을까. 아니 무얼 하다가 떠올랐을까. 너무 평범해서 눈에 띄지도 않는 말인데, 서로 붙여놓으니 제법 어울린다. 어쩌면 기분이 좋아지는 건 '춤'이라는 말과 발음이 비슷해서 인지도 모른다. 'Dans, Danse.' 언어가 각각 제 거리를 유지하며, 자기의 존재를 지킨다. 프랑스아즈 사강. 가슴까지 사각 사각 파고드는 이름이다. 그 이름만으로도 사랑의 느낌이 드는 나이가 있었는데. 내게도……

이름이라니까 생각이 난다. '사강'이란 이름은 마르셀 프루스트의 『잃어버린 시간을 찾아서』에 등장하는 인물의 이름을 빌린 것이라고 한다. 사강의 작품 속 여주인공 이름인 '조제'는 일본 영화 〈조제, 호랑이 그리고 물고기들〉에서 사강의 책을 즐겨 읽는 여주인공이 자기 이름으로 삼는다. 방송작가 이하영은 이 영화 속 조제의 독서 장면을 모티브로 해서 영화 속 책의 장면을 이야기하는 책 『조제는 언제나 그 책을 읽었다』를 썼다. 작품 속 이름 하나가 계속 살아서 이야기를 이어간다.

『한 달 후, 일 년 후』는 파리의 아홉 남녀 각자의 사랑과 삶의 모습을 통해 사랑이란 게 과연 무엇인지, 그저 덧없다고 치부해 버릴 수 있는 것인지를 묻는다. 본질적인 질문을 건조한 문장들로 쓴다. 무조건 멋져 보이는 파리지엔느들에게도 삶은 똑같이 질퍽하게, 아니 무미건조한 공허감으로 다가온다. 환상은 그 안에서만 아름다운지 모른다.

책을 다시 읽으면서, 사랑에 관한 소설을 읽는 데도 때가 있다는 생각이 들었다. 아니 마음이 모자라서일지도. 어쩌면 사랑이 나를 외면해 버리기로 작정한 걸까. 나는, 저만치 뒤에서 따라오기를 거부하는 '사랑'을 끌어당기느라 진이 빠졌다. 어느 새 사랑을 잡기보다는 책을 잡는 사람들에게 붙는 족이 돼버린 건가.

시크chic한 사랑이 잘 어울리는 파리의 연인들. 이 소설이 곧 프랑스와즈 사강이다.

아, 한 여름이다.

흰 돛을 단 배 한 척이 가슴 한복판을 지나간다.

저 노래 한 구절처럼……

"I found a love for me, Darling just dive right in and follow my lead(나를 위한 사랑을 찾았어요. 그대여, 그냥 뛰어들어 날 따라와요)……."

4부
작별에의 초대

낯선 침대에서 잠들다

뜨거운 홍차 한 잔 곁에 두고

새 침대에 누워 〈Mariage D'Amour〉를 들으며

읽는 책.

너새니얼 호손, 『너새니얼 호손 단편선』, 한지윤 옮김, 보물창고, 2013.

너새니얼 호손Nathaniel Hawthorne(1804~1864)은 「큰 바위 얼굴 The Great Stone Face」이다. 그만큼 저 작품이 유명하다는 뜻이 겠지. 어려서부터 들은 이 이야기는 그야말로 내 마음속에 깊게 각인되어 있다. 절대 의심할 수 없는 작품, 인생 교과서이다.

어느 날, 궁금증이 슬며시 고개를 들었다. 호손의 다른 작품은 어떨까. 수소문하니 이 책이 있었다. 지금은 쉽게 살 수 있게 되었지만 그때는 일반 열람실에는 없어서, 특별보관 코너로 가서 한 시간 안에 보고 나와야 했다. 낡아서 책장 넘기기조차 어려운 책을 줍고 밀폐된 공간에서 읽어 내려갔다. 시공간의 제한이 있으니 오히려 무한의 즐거움이 느껴졌다. 마치 금서를 들춰보는 듯 짜릿함이 등줄기를 타고 내려왔다.

그때 읽은 작품이 「웨이크필드Wakefield」와 「데이비드 스완David Swan」이다. 위메, 그 충격이라니⋯⋯. 아무런 이유도 없이 자신의 집과 아내를 떠나, 20년을 혼자 산 남자의 이야기에 나는 순식간에 빠져들었다. 런던의 집에서 멀지 않은 곳에 살면서 매일같이 자신의 집을 관찰하고, 어느 날 저녁에 집 떠난 지 하루밖에 안 된 것처럼 태연하게 귀가해, 죽을 때까지 다정한 남편으로 산 인류

역사상 가장 기이한 남자. 처음엔 그저 일주일 정도만 가족이라는 삶에서 비어 있거나 부재하려고 했는데, 순식간에 20년이 지나가버린다. 그와 집 사이에 '낯설음'이 생기기 시작하는 대목이 인상적이었다. 자신의 집도 아내도 낯설어진다는 데에 웨이크필드는 당황한다.

이상하다. 은근히 공감이 가고 몰입이 된다. 말도 안 되는 그의 행동에 마음 한 가닥이 슬쩍 얹힌다. 나도 그런 비슷한 생각을 한 기억이 있다. 하나는 공상으로 끝났고, 하나는 실화 같은 소설로 남았지만…….

사람들은 가끔 말도 안 되는 상상을 하며 시간을 보낸다. 이루지 못할 것을 뻔히 알면서도 그 꿈속의 세상을 두 손에서 놓지 못한다. 공상이 때론 현실을 살아가는 힘이 되기에.

'그가 잠든 사이에'라는 부제가 붙은 「데이비드 스완」도 만만치 않았다. 허나 앞의 충격이 너무 세서인지 외려 달콤하게 느껴졌다. 다만 읽는 내내 안타까웠다. '기회'가 머리맡에 와 있는데 잠만 쿨쿨 자는 태평한 그가. 소설 속으로 걸어 들어가 얼른 흔들어 깨우고 싶은 충동이 일어날 만큼. 그러나 태평함이 그의 운명이었다.

에드거 앨런 포Edgar Allan Poe(1809~1849)와 허먼 멜빌Herman

Melville(1819~1891)과 함께 미국 낭만주의 문학의 3대 거장으로 불리는 너새니얼 호손은 약간 비현실적이라도 감수성과 상상력이 깃든 이런 작품에서 더 빛이 나는 것 같다. 그의 대표작으로 여겨지는 『주홍글씨The Scarlet Letter』역시 'A'라는 표식을 통해 강렬함을 주었지만, 나에겐 이 책 안의 두 작품이 더 깊게 새겨져 있다. 이제는 손쉽게 구해 언제든 읽을 수 있으니 그 짜릿함이 덜하려나.

프로이드 식 아침식사

한 잔의 붉은 포도주에 자고새 요리를 곁들이고

피에르 바슐레의 〈엠마누엘Emmanuelle〉을 들으며

읽는 책.

조디 그레이그, 『루시언 프로이드』, 권영진 옮김, 다비치, 2014.

"루시언입니다. 아침 식사에 오시겠습니까. 내일 아침 여섯 시 사십오 분에 내 작업실로 오십시오."

두 남자의 만남은 이렇게 한 통의 전화로 시작된다.

영국의 저널리스트 조디 그레이그Geordie Greig. 학생이던 17세 때 그의 전시회를 보고 충격을 받아, 20년간 편지를 보냈으나 답신 대신 깊은 침묵만 돌려받는다. 하지만 어느 날 루시언이 전화를 해 아침 식사에 초대했고, 그 후로 10년간 매주 '클라크 식당'에서 루시언과 아침 식사를 하는 행운을 누린다. 행운, 쉽지 않은 표현이다. 조디 그레이그는 그 이야기를 쓴다. 책 안에 흥미진진한 이야기들와 생생한 에피소드가 넘친다. 읽는 내내 뿌듯하다. 원, 30년이 걸린 책인데 뭐라도 다르겠지.

나도 그를 쓰고 싶다. 루시언의 사실주의 풍의 그림들을 보는 순간, 이렇게까지 그리다니 하는 충격에 이어 배타적인 감정이 마구 뒤섞여 올라왔다. 써야 하는데……. 그나저나 벌거벗은 초상화에서 성기를 노골적으로 그린 이 별나고 유난스러운 화가를 뭐라고 표현해야 가장 근접할까. 평범한 구성으로는 따라잡을 수 없을 것 같은데. 결국 나는 약간 자극적인 이야기로 시작한다. '통속'은 드라마를 살리는 키워드이다.

독일 태생의 영국 사실주의 화가 루시언 프로이드 Lucian Michael Freud(1922~2011). 그에게는 심리학자이자 정신분석학의 창시자 지그문트 프로이트Sigmund Freud(1856~1939)의 손자라는 이름이 하나 더 있다. 이 꼬리표는 절대 뗄 수 없다. 그가 좋든 싫든 사람들은 다시 되돌아보게 된다. 할아버지를 그닥 좋아한 것 같지는 않지만.

아, 그리고 어머니가 있다. 아들의 삶에 대한, 어머니의 지칠 줄 모르는 관심과 간섭, 그 지나친 집착 때문에 그는 미칠 듯이 분노했다. 그는 어머니가 우울증으로 크게 무력해진 뒤에야 다시 만났다.

배우자에 대한 부도덕한 행실과 냉정함, 스물네 명의 자식을 둔 아버지로서의 불성실함, 그럼에도 변명을 모르는 그는 악의적인 매력과 카리스마의 소유자였다. 사적인 자유를 중요하게 여긴 그는 물건에 욕심이 없어 어떤 잡동사니도 갖지 않았다고 한다. 허세와 방랑객의 체취가 가득한 자유분방한 보헤미안적 취향의 이 남자는 도박에 빠졌다가 또 포기하기도 한다. 뒤를 돌아보지 않고 앞만 향해 가는 화가, 루시언 프로이드. 내가 뽑은 그의 특성을 읊다 보니 숨이 찬다.

　가장 눈에 띄는 것은 그의 '프로이드 식 아침식사'이다. 이렇게 별칭을 정한 것은 나중에 나도 벤치마킹해볼 작정이라서 그렇다. 그는 가장 가까운 친구 프랭크 아우어바흐Frank Helmut Auerbach(1931~2024)와 50년 이상 거의 매주 아침 식사를 했다. 그런 마음을 가진 남자라면, 나는 무조건 믿고 싶다. 아우어바흐와 프로이드는 나치의 박해를 피해 영국으로 온, 독일 태생의 영국인 화가라는 공통점을 안고 있다. 그래서인지 절친으로 마음을 맞추며 반평생을 함께한다. 여기에 프랜시스 베이컨Francis Bacon(1909~1992)까지 더하면, '런던학파'가 완성된다. 오스카 와일드 풍의 재기 넘치고 위험천만한 매력남으로 불리는 베이컨과 루시언은 여러 해 동안 광적으로 만나며 몹시 가깝게 지냈다. 허나 인생사 늘 그렇듯 두 사람의 우정은 마침내 사소한 질투와 소동으로 금이 가고 만다. 결국 마지막까지 서로 보지 않았다고 한다. 속이 찔끔거린다. 나도 그런 똑같은 경우가 몇 번 있는데, 사람이 사람을 안 보는 마음만으로도 이미 상처투성이다.

　데이비드 호크니David Hockney는 "루시언은 프랜시스 베이컨이 특히 프랑스에서 거둔 성공을 받아들일 수 없었

이번 글을 쓰게 된 것은 『작가들의 책장 훔치기』라는 책 때문이다. 이 책의 저자 신경진은 20대의 루시언 프로이드가 그린 〈담배 피우는 소년Boy Smoking〉이란 한 소년의 초상화에 시선이 멈췄다고 했다. 그 대목에서 이 화가의 스토리가 쓱 하고 내 머리를 스쳤다. 신경진 작가가 주제로 삼고 쓴 글은 미셸 우엘벡Michel Houellebecq의 『지도와 영토La Carte et le Territoire』인데, 나는 프로이드에 대해 쓰기 위해 옷장을 열었다. 옷장 너머에 그에게로 가는 기차가 기다리고 있기를.

루시언에게 그림paint은 '고통pain'에 't'를 붙인 것이다.
이경은에게 작가writer는 '고통을 쓰기write'에 'r'을 붙인 것이다.

서릿발 속 시금치

청주에 매실 절임 또는 죽순과 토란 한 알을 곁들이고

사카모토 류이치의 〈철도원Poppoya〉를 들으며

읽는 책.

미즈카미 쓰토무, 『흙을 먹는 나날』, 지비원 옮김, 메멘토, 2024.

나에게 '휴식'이라는 건 제일 먼저 리모컨으로 '영화를 찾는 일'이 그 신호이다. 그리고 맥주 한 잔과 주전부리 안주, 거기에 수다나 잡담을 곁들이면 짧거나 긴 휴식이 시작된다. 〈행복〉이나 〈Happiness〉란 영화를 안 봐도 온몸이 나른하고 따스해진다.

그렇게 보게 된 영화가 〈열두 달, 흙을 먹다〉이다. 열두 달이나 흙을 먹는다고? 이런 하다하다 별 제목을 다 붙였구나. 2022년 나카에 유지中江裕司가 감독한 영화로, 책으로는 1982년(소화 57년)에 『흙을 먹는 나날 土を喰う日々: わが精進十二ヵ月』로 출판되었다. 원서는 표지가 귀여운 문고 판이다. 읽기보다는 비교를 위해 샀다.

표지만 보고 사 두는 외국어 책들도 제법 되는데, 이유는 단지 기분이 좋아져서이다. 살짝 허영기가 발동되면 '치, 다 못 읽으면 어때? 제목하고 그림 보면 됐지. 일단 근사하잖아.'라면서 폼 재다 기둥뿌리 흔들리는 일만 없으면 된다는 황당한 변명으로 무조건 버티는 게 내 일상의 힘이다.

나는 일본어 원서의 '1월의 장章'보다, 한국어 번역의 '일월, 토란 한 알을 꺼내는 마음'이 더 좋았고, 영화에

205

서 '절기節氣'로 나눈 게 훨씬 정감 있게 느껴졌다. 물론 영화는 이미지가 단단히 한몫한다. 주인공인 이 책의 저자 쓰토무가 기거하는 가루이자와의 산장은 소박한 아름다움을 가진 곳이다. 나는 두 시간 내내 느리게 흘러가는 24절기의 풍경에 매료되었다.

특히 산이 보이는 창가의 식탁이자 집필실은 기어이 내 가슴을 흔들고 만다. 원고지를 밑으로 내려쓰는 만년필의 '사각사각' 소리는 감각적이다 못해 에로틱하다. 깜깜한 밤이 땅으로 깊게 내려앉는 소리와 원고지 냄새, 만년필 잉크 떨어지는 소리, 무언가 생각하느라 머리를 긁적이는 소리, 옆에서 조용히 바라보다 잠드는 개의 숨소리가 소르르 지나간다. 완벽한 우주와 '나'이다. 나는 가루이자와의 저 산장 책상에 앉아보고 싶은 강한 충동에 빠진다.

이 영화는 별 거 없어 보이는데 별 게 있다. 재미없어 보이는데 재미있다. 느린데 긴장된다. 이건 순전히 내 개인적인 취향인데 사람 한없이 기다리기, 버스 웃으면서 마냥 기다리기, 느린 영화 끝까지 보기, 한번 믿기로 하면 백년 믿어주기, 한번 보기로 한 미니시리즈 재미없어도 중도포기 안 하기, 한번 산 책은 결국 읽기, 지루한 이야기도 참고 들어주기를 즐긴다. 이 영화도 보면서 내내 힐링되었다.

아, 책!

저자 미츠카미 쓰토무水上勉(1919~2004)는 아홉 살부터 선종 사원의 부엌에 살면서 일본의 사찰요리인 '정진요리精進料理'를 배운 남자다. 그에게 배울 게 많다. 제철 재료를 먹는 건 곧 그 계절의 '흙을 먹는 것'이란 인식, 음식을 준비할 때 '밭과 의논한다'는 사실, 음식의 맛을 '흙의 힘'에 맡긴다는 마음, 어떤 경우에도 음식을 조금만 담아내는 의지, 시금치도 서릿발 속에서 기진해 있을 때 저장해 둔 채소들과 하는 의논, 콩을 불릴 때 생기는 주름을 조심하는 손길, 식재료가 고급인지 하찮은 것인지 문제 삼지 않는 불심의 근기…….

이러다 책 한 권 다 필사할라. 요리책이 아니라 철학책이다. 깨달음의 말이 넘친다.

이번만큼은 영화와 책이 별개라서, 둘 다 봐야 드디어 하나로 합체가 된다.

너 어찌 봄꽃 떨어지듯이 후드득

막걸리 한 잔에 송경배의 대금 연주

〈그 저녁 무렵부터 새벽이 오기까지〉를 들으며

읽는 책.

연암 박지원, 『척독尺牘』, 박상수 옮김, 지만지한국문학, 2024.

暮登龍首山 候足下不至江水東來 不見其去 夜深乏
月而 歸亭下老樹 白而人立 又疑足下先在其間也

해 질 무렵 용수산에 올라 당신을 기다렸으나 오시지
않고, 강물만 동쪽에서 흘러와 어디론가 알 수 없는 곳
으로 무심히 흐르더군요. 밤은 깊어 달빛은 사그라드
는 데, 돌아와 보니 정자 아래 늙은 나무의 하얀 자태
가 사람인 듯하여, 또 혹시나 당신이 먼저 와 그 곳에
있는가 싶었습니다. - 이경은 옮김

아, 연암燕巖이 사랑하는 연인에게 보낸 편지로구나.
그리 생각했는데 연암이 창애蒼厓 유한준兪漢雋(1732~1811)에
게 보낸 편지이다. 연암 박지원朴趾源(1737~1805)의 『척독尺
牘』은 총 25인에게 보낸 편지들인데, 그 중 창애에게 보
낸 편지가 아홉 통으로 제일 많다. 그런데 그 시절의 문
장가 '창애'라는 분이 『열하일기熱河日記』가 나온 뒤 연암
을 비방하고 시비를 벌여 사이가 극도로 나빠졌다는 이
야기에 내 마음이 다 안타깝고 착잡해진다. 이토록 친밀
한 배신자라니⋯⋯. '친밀한'이라는 말의 그림자가 질리
도록 새파랗다. 드라마 〈이토록 친밀한 배신자〉, 영화 〈
친밀한 타인들〉, 관계심리학 책 조반니 프라체토Giovanni

Frazzetto의 『친밀한 타인들Together, Closer』이 앞다퉈 빌려 쓴 것을 보면, 이 언어가 매력적이거나 절실한 모양이다. 만약 친밀한데 배신자이고 타인이면, 어찌 감당하나.

글쎄, 질투였을까. 저토록 사랑받는 존재가 되고 보니, 자기가 연암보다 더 윗길이라고 생각했을까. 그가 칭송받는 걸 못 참았던가. 속사정이야 알 수 없지만, 저 편지를 쓴 이의 마음이 상처 입은 것이 걸렸을 뿐이다.

'아, 내 맘 같지 않은 네 마음이여! 너 어찌 봄꽃 떨어지듯이 후드득 떨어지느냐.'

연암은 『열하일기』이다. 아니 '문장'이다. 새로운 열린 시각의 물결이자 신지식인이다. 나는 산문을 쓰는 작가로서 '문장'에 선뜻 손을 들어준다. 연암의 글쓰기 책은 여러 권인데, 특히 그의 산문집 속의 문장들은 더없이 아름답다. 여기에 편지글이 덧붙는다.

'척독尺牘'이란 '짧은 편지'이다. 연암의 척독은 문예 취향적인 편지로 중의적이고 함축적인 의미가 많이 담겼다. 일반적인 편지가 솔직한 감정 전달에 목적이 있는 것과는 달리 문예적인 미와 예술성이 강조된다. 그의 나이 35세에 쓴 글들이다.

던 것 같다"고 말했지만, 아마 말할 수 없는 이유가 있을지도 모른다. 말도 안 되는 치사하고 유치한.

'이름 없는 존재'로 남기를 원했던 루시언은 심지어 집 명패에 '꼭대기 층'이라고 적었는데, 그게 더 이름을 낸다. 그의 패션도 무척이나 눈에 띈다. 나는 아들만 둘을 키워서 그런지 여성보다는 남성의 옷에 더 눈길이 가는 편이다. 그는 사진마다 스카프를 하고 있는데, 실제로도 언제나 스카프를 했으며 10여 개의 스카프를 가지고 있다고 조디 그레이그는 전한다. 회색 캐시미어 쟈켓에 구겨진 흰 셔츠, 트위드와 평상복의 조화는 그가 패션에 꽤 감각이 있다는 걸 보여준다. 그의 패션이, 감각이, 맘에 든다. 순전히 개인적 취향일 뿐이다.

사람들이 묻는다. 책을 어떻게 고르세요?

여러 루트로 책을 만난다. 문학 플랫폼을 네 개 정도 하고 있고, 애서광들과 페이스북으로 연결되어 있고, 문화예술 블로그도 종종 들여다본다. 특히 작가들의 책 속에 나온 책들을 눈여겨보고, 인터넷 서점에 들어가 작정하고 찾기도 한다. 늘 어딘가에서 나를 기다리고 있을 텐데, 하며 책들과 숨바꼭질을 하고 있다.

연암이 품 안에 넣어둔 또 하나의 편지 꾸러미가 있다. '서간첩書簡帖'. 이 서른세 통의 서간첩은 대부분 가족과 벗에게 보낸 사적인 편지들인데, 다행히 『고추장 작은 단지를 보내니』라는 재미있는 제목으로 출판되어 나도 연암의 고추장 맛을 살짝 보았다.

"이번 달이 네 처가 해산하는 달이라 밤낮 마음 조이며 기다리고 있다…… 고추장 작은 단지를 보내니 사랑방에 두고 밥 먹을 때마다 먹으면 좋을 게다."

나는 연암 같은 분은 이런 자질구레한 말을 안 하고 큰 말만 하시며 사는 줄 알았다. 그의 맨얼굴과 인간적 체취가 느껴져 가슴이 포근해진다. 자기 가슴속에 추위와 더위를 만들지 말라던 연암선생을 생각하는데, 소설가 우선덕의 산문집 『어떻게 그렇게』의 한 구절이 떠오른다.

"모든 한 시절이 가네, 가네. 나의 생이 줄어드네."

애야, 이 밤 대금소리를 담아 편지 한 통을 쓰려무나. 가슴에 박힌 그 누군가에게.

달로 가는 기차역에서

차가운 마티니 한 잔을 마시면서 달빛 속에서

프랭크 시나트라의 〈Fly me to the moon〉을

들으며 읽는 책.

김유태, 『나쁜 책-금서기행』, 글항아리, 2024.

황혼으로 물든 늦가을의 어느 날이었다. (…) 사람들의 발길이 끊어졌다. 개들은 보금자리로 돌아갔다. 닭들도 닭장으로 돌아갔다. 외양간의 소들도 서둘러 자리에 누워 몸을 데웠다.

대지와 밭이, 돌아왔다. 가을이 지난 뒤 한없이 황량한 들녘, 아무것도 없이 평평하게 펼쳐진 대지 위로 사람들이 아득하니 작았다.

중국의 작가 옌롄커閻連科의 장편소설 『딩씨 마을의 꿈丁莊夢』과 『사서四書』의 첫 문장들이다. '나쁜 책'이라는 낙인이 찍힌 책들의 서두이다. 한 권의 책에서 서두란 책의 운명이나 갈 길을 좌우할 만큼 중요하다. 이 문장들이 나쁜 글의 시작처럼 느껴지는가.

사실 저런 시적 산문으로 쓴 글 안에 피가 튀는 서늘한 내용이 들어 있긴 하다. 인간이 같은 인간에게 저지른 섬뜩한 일들이 문장 사이를 미친 듯이 돌아다닌다. 그렇다고 나쁜 책으로 불릴 이유는 없다. 사실이나 진실을 쓴다는 것은 늘 턱밑까지 물이 차오르는 위험을 감수하는 용기가 있어야 하는 일이 아니던가. 문화대혁명

시기, 강제수용소에 갇힌 지식인들의 비참을 그린 옌롄커의 『사서四書』는 강력한 노벨문학상 수상 후보작이다. 중국에서는 안전하지 않은 책 취급을 받지만.

『나쁜 책—금서기행』 안에 소개된 다른 책들도 마찬가지다. 블라디미르 나보코프Vladimir Nabokov(1899~1977)의 『롤리타Lolita』를 비롯해 퓰리처상 수상작 비엣 타인 응우옌Viet Thanh Nguyen의 『동조자The Sympathizer』와 토니 모리슨Toni Morrison(1931~2019)의 『가장 푸른 눈The Bluest Eye』 등 여기 나오는 작품들은 하나같이 누군가의 눈에는 불온하고 위험한 면이 있었다.

영화 〈북샵The bookshop〉에 나오는 여주인공도 바로 그런 점 때문에 고민을 한다. 플로렌스가 독서광 노인과 함께 『롤리타』를 서점에서 팔아도 될지 어떨지 진지하게 의논하는 장면이 있는데 그 모습이 이상하게 내 마음에 선명하게 남아 있다. 물론 조용하고 비밀스런 소문 덕으로 책은 오히려 잘 팔린다. 지금 시점으로 보면 그게 그렇게 큰 고민일까 싶겠지만, 그때 상황에서는 위험을 무릅쓰고 용기를 내야 하는 선택이었을 것이다.

이 책을 지은 M 신문 문화부 기자이자 시인인 작가에게 감사를 표한다. 읽으면서 가슴이 쩌억 벌어졌다. 얼마 전까지 나에게 불온한 책은 곧 나쁜 책이었다. 사상적으로 붉은 딱지가 붙은 책이나 19금의 책은 나쁜 거라고 머릿속에 화석화되어 있었다. 이런 단순무지한 머리도 책을 읽으니 돌아가는 듯하다.

누군가의 삶을 최대치로 끌어올리는 게 바로 '책'이고, 그런 마음에서 이 책을 시작했다는 말이 좋아서 이 책을 잡아당겨 읽었다. 한 사람의 책장을 보면 그가 현재 살고 있는 모습을 볼 수 있다고 한다. 그런가. 책 하나하나가 꽂혀 있는 모습이 내 안의 세포들이 진열되어 있는 영혼의 책장이라는 말인가. 책장이 없다고? 그러면 몇 권만이라도 정신의 식탁 위에 올려놓길.

문득, 달에 가서 별들 사이를 여행하고, 목성과 화성의 봄을 보고 싶어졌다. 달에는, 저 별에는 모든 책이 어깨를 나란히 하고 책장에 꽂혀 있을까. 영화 〈인터스텔라Interstellar〉의 책장 속 5차원 공간이 떠오른다. 무언가 안에 무언가가 들어있다. 꿈속의 꿈처럼.

극 중에서 브랜드 박사가 쿠퍼에게 한 바로 그 말이 잊히지 않는다.

"사랑과 책은 시공을 초월하여 우리가 알 수 있는 유일한 것이에요."

하도리 바다에서

제주오메기맑은술에

김정미의 〈봄〉을 들으며 읽는 책.

강명희, 『노을의 기억』, 푸른사상사, 2025.

글을 쓸 때 많이 쓰는 말의 하나가 '기억'이다. 그립고 그리워서 놓지 못하는 우리들의 기억. 어쩌면 사람들은 그 기억의 조각들을 마음에 품고 기대어 사는지도 모른다. 행복하거나 슬프거나 지독한 아픔일지라도, 과거가 나에게 남긴 특별한 흔적을 찾아 그 속에 숨는다. 어머니의 자궁이고, 가슴을 후벼 파며 흐르는 깊은 강이고, 평생 심장을 움켜쥐지만 두 눈에서 떼지 못하는 불도장이다.

기억이란 말을 생각하면 나는 'Los Momentos(순간들)'이란 말이 떠오른다. 언어의 울림이 강하고 왠지 그 의미에 더 가깝게 느껴진다. 순간들……. 내 안의 모든 걸 기억하는 게 아니라 어떤 순간들만이 유독 기억이 나는 것이다.

미국의 심리학 및 신경과학 교수인 차란 란가나스 Charan Ranganath는 『기억한다는 착각Why We Remember: Unlocking Memory's Power to Hold on to What Matters』에서 "나는 왜 어떤 것은 기억하고 어떤 것은 잊어버릴까"라는 질문을 던진다. 책을 다 읽었지만, 나는 답변을 못 찾고 제자리로 돌아왔다. 아직도 과학적 접속은 자주 끊긴다.

기억을 통한 시간과 공간으로의 여행.

잊혀졌거나 묻어두었던 기억이 현재의 나를 과거 속 어떤 특별한 장소와 시간으로 데려간다. 기억의 소환. 기억이 자꾸 불러댄다. 살금살금 자기 곁으로 오라고 손짓한다. 마침내 생각지도 못한 장소에 홀로 서서, 바람의 방향을 냄새 맡는다. 온몸으로 거센 바람을 맞아야 하지만 결코 물러서지는 않는다. 힘들고 고통스러워도 외면하지 않고, 마침내 따스한 봄바람이 꼭 불어올 거라고 믿는다. 그런 소설을 만났다.

소설가 강명희의 『노을의 기억』은 '제주 4·3에 대한 기억'을 그녀만의 날카롭고 용기 있는 시선으로 쓴 작품이다. 현재 김포에서 농사를 짓는 그녀는 서른 중반에 잠시 제주에서 살았다. 본향은 김포이지만, 문학적 고향은 '제주'라고 말한다. 소설가란 이름을 붙여준 것도, 『서른 개의 노을』도, 이 『노을의 기억』도 모두 제주가 내어준 기운들이 모여 창작된 작품집이니 그럴 만도 하다.

중편소설 「노을의 기억」은 작품 전체에 고통과 슬픔의 피가 흐르는데도 오히려 아름답게 느껴진다. 노을이란 게 이제 곧 사라질 운명이라서 더 안타깝고 아름답다는 그런 단순한 이유 때문이 아니다. 같은 시공간을 다루어도 강명희 작가에게는 『작별하지 않는다』의 한강 작가와는 또 다른 '결'이 느껴진다. 작가마다 싣고 가는 수레가 다르고, 여러 작가에 의해 다면의 시각으로 표현될 때 실체적 진실이 더 잘 드러나기 마련이다.

띠집에 불현듯 나타난 하르방과 감나무 집에 혼자 살면서 갈옷을 짓는 할망 안자가 주인공이 되어 이끌어가는 이야기여서 푹 안겨들었는지도 모른다. 틀 안에 숨은 틀은 감히 만지기조차 두렵지만, 한바탕 창[唱]을 늘어지게 들으며 가슴 속의 한을 구순히 풀어내는 화해의 몸짓에서 우리는 눈물을 흘리게 된다.

영화 〈지슬〉을 보며 몸서리쳤던 기억이 떠오른다. 나는 제주 4·3을 이 영화를 통해 제대로 알았다. 영화는 시각적이지만, 소설은 상상이 있어 제각각 리얼하게 진실에 접근한다.

젊은 날의 하르방은 조천면 중산간 마을 선흘리의 작전에 참여해서 도틀굴, 목시물굴, 밴뱅디굴, 돌무더기 굴에 콩 볶듯이 총구를 들이댔고 많은 사람이 죽어나갔다. 그 뒤로 하르방 집안의 식구들이 저주라도 받은 듯이 하나둘 끔찍한 사고를 당한다. 노인은 죽을 곳을 찾지만 평생 도망치려고 애쓰던 그 '기억의 땅'으로 이끌리듯 돌아와, 운명적으로 할망을 만나게 된다. 할망 안자의 삶은 참혹할 만큼 드라마틱하니 작가의 책에 맡긴다. 할망에게 평생감옥이 된 기억은 하르방의 바로 그 '굴'에 있다.

4월, 제주 하도리 바닷가의 진혼제에 가보고 싶다. 사람들이 과거를 회상하는 것이 힘들지만, 그것으로 '생명'을 얻을 수도 있겠구나 하는 생각이 든다. 정신적인 시간 여행을 통해서, 푸르딩딩한 감에서 노을을 닮은 빛깔이 나오듯이.

금빛 햇살이 갈대 숲 위에서 부서져 내리는 것을 보며 할망이 말한다.

"갈대는 연약하지만 태풍에도 끄떡없이 언제나 제 모습으로 서 있었다."

아, 삶이 사람을 데불고 갔을까.
구부러진 등에 기억을 업고, 밤이 새도록 산과 강을

넘고 또 넘었을까.

그 슬픈 이름을 달고서. 사람.

설마, 그렇다

나른한 오후에 아스트루드 질베르토Astrud Gilberto의

목소리로 〈Agua De Beber(마실 물)〉을 들으며

읽는 책.

클라리시 리스펙토르, 『아구아 비바』, 민승남 옮김, 을유문화사, 2023.

스페인어를 배울 때 'Agua'란 말을 좋아했다. '물(水)'이
란 뜻으로, 나에게는 헬렌 켈러를 의미한다. 설리번 선
생이 헬렌에게 처음 가르친 말이 바로 'WATER'였다. 영
화 속에서 선생님은 우물물을 손에 부어주며, 손바닥에
수화 알파벳으로 'W, A, T, E, R'라고 쓰며 사물의 이름
을 가르친다. 새로운 세상과의 첫 만남! 그 장면의 감동
은 사라지지 않는다. 나는 강의를 할 때 설리번 선생처
럼 학생들에게 새로운 세상을 열어주는 선생이 되길 기
도한다. 그녀는 내게 선생으로서의 첫 표상이자 영원한
우상이다.

포르투갈어로는 'Água'로 맨 앞에 악센트가 있어서
앞부분을 세게 읽어야 한다. 스페인어로는 두 번째 모음
'u'에 강세가 있는데, 후자가 발음이 훨씬 부드럽다. 왜
그런지 알 수 없지만, 뭔가 두 언어 사이에 차이가 있을
것 같다. 허나 그 본질이야 어디로 가나. 그저 물(水)이
다. 형태가 없이 형태를 만드는 마술의 물질이다.

우크라이나에서 태어나 러시아 내전을 피해 브라질
로 이주한 클라리시 리스펙토르Clarice Lispector(1920~1977)의
책『Água Viva』는 '살아 있는 물'로 번역되지만, 일반적
으로는 '해파리'를 뜻한다. 작가는 두 개의 공통점이 뼈

대가 없다는 것이라고 하는데, 나는 거기에다 책의 내용
도 서사적 뼈대가 전혀 없다고 말하고 싶다.

형태로부터 자유로운 것, 모든 구조와 경계를 넘어선
그 무엇을 기록하려는 불가능한 시도. 그녀가 집중적으
로 추구하는 목적이다. 형상 혹은 물체에 대해 의존하지
않고 완전히 벗어나는 일이 가능하다고 그녀는 믿는데,
나는 영 믿어지지 않고 그저 혼란에 빠져 허둥거린다.

설마, 하고 기대하지 말라. 끝까지 하나도 없다. 우리
가 기대하고 좋아하는 '서술'의 틀 같은 건 몽창 사라져
버렸다. 책을 읽으면서 무엇이라도 집힐까 싶어 손을 이
리저리 휘저어도 여전히 빈손이다. 익숙하지 않아서 그
렇겠지, 하고 마음을 달래본다.

그러면서까지 왜 읽느냐고? 기가 막히게 매력적이어
서. 문장들이 엮어내는 아포리즘이 놀라워서. 어떤 문학
작품에서도 느끼지 못한 힘이 느껴져서. 문장을 이해하
려 들지 말고 그냥 느끼면 곁에 다가서는 감각을 만져볼
수 있어서.

"나는 온몸으로 당신에게 글을 쓴다. 말의 여린 신경
에 가 박힐 화살을 쏜다."라든가 "나는 거칠게 살아 있
다. 죽음이 말한다. 자신은 떠난다고."라거나 "지금은 하

나의 순간이다. 그리고 다음 순간이 온다."라는 글귀들
이 피상적으로 느껴지는 게 좋다.

나에게 맞는 아포리즘의 한두 문장이 맥없이 기다리
고 있을 것만 같다.

"거기서 꿈은 생각이 되고, 거기서 선線은 존재가 된
다."

미셸 쇠포르Michel Seuphor(1901~1999)의 말이 정신을 건드
린다.

옛 문장이 꽃잎처럼 흩날린다

칵테일 '드림 프롬 예스터데이'와 함께

파트리샤 카샤의 〈Mon Mec A Moi(나만의 남자)〉를

들으며 읽는 책

오수형 편역, 『중국의 고전산문』, 명문당, 2015.

少倦, 臥地上飮. 以面受花, 多者浮, 少者歌, 以爲樂.
조금 시들해지자 땅에 누워 마시며, 얼굴로 떨어지는
꽃잎을 받았다. 꽃을 많이 받은 사람은 벌주로 술을 마
시게 하고, 적게 받은 사람은 노래를 부르며 즐기었다.

- 雨後遊六橋記(비 온 뒤 육교에서 논 일의 기록) 중에서. 이경은 옮김.

원굉도袁宏道.

이번에 내가 새로 사귀게 된 남자의 이름이다. 그동
안 어찌 그 이름을 모르고 살았을까. 그를 알기 전과 알
고 난 후의 나는 다르다. 겉으로는 아무 표시가 안 나지
만 분명 달라졌을 것이다. 이 흥취, 그 감각, 저 여유! 게
다가 이토록 멋진 문장가임에야 도리가 없음이라.

한유, 유종원, 구양수, 소식, 소철, 소순, 도연명, 제
갈량, 주돈이, 이백, 왕안석 등 중국의 유명한 작가들의
대표작을 모아서 편역을 했는데, 원문의 한자를 몰라도
한글만으로도 쉽게 이해할 수 있게 편집하여 마음에 든
다. 처음에 주문한 책은 구성이 너무 어려워서 실패하
고, 다시 구입한 것이 바로 이 책이다. 편집의 미학이 절
실한 시대이다. 보든지 말든지가 아니라 독자가 꼭 갖고
싶게 만들 책무가 있지 않을까.

사실 이 공부는 내가 가르치는 '월요수필반' 학생들이 하는 나머지 공부 프로그램이다. 뭐 커리큘럼까지는 아니고, 공부하고 싶은 사람들만 모여서 '읽을시고'라는 모임에 참여한다. 우선 혼자 읽기 어려운 책을 고른다. 이때 나는 선생의 특권을 살려 조금 어려운 걸 선택한다. 어렵고 힘든 만큼 글이 깊어질 테니 할 수 없는 노릇이다. 선생이 질문을 열 개 하면, 학생들도 세 개는 답변을 해야 그 수업이 빛난다. 일방적인 수업은 정신적인 교류가 막히고 소통이 끊기는 수업이 되기 쉽다.

혹시 해보고 싶은 분들이 있을까봐 자세히 서술한다. 일단 '읽을시고'는 무엇이든 읽는 모임이다. 좌장이 먼저 책을 읽고 난 뒤, 회원들에게 각자 읽어서 녹음할 부분을 정해준다. 그날 밤 11시 59분이 되기 전에 각자가 녹음한 내용을 편한 시간에 올리는 방법이다. 한 2~3주간 매일 녹음해서 밴드에 올리는데, 결코 만만하지 않다. 물론 주말은 쉰다. 재미있는 건 이건 수업이 아니고 '나머지 공부'라 꼭 할 필요가 없다고 해도 수강생의 95%가 다 참여한다. 글을 쓰는 데 이런 공부가 든든한 터전이라는 걸 알고 동참하니 감사한 일이다.

올해 상반기에는 다락원 출판사의 『중국 현·당대 수필선』에서 아홉 편을 읽었다. 후스의 「차부뚸어 선생 전」과 욱달부의 「고도故都의 가을」, 진이의 「나루터 사 공」, 니우한의 「루링을 다시 만나다」처럼 주옥같은 작 품들을 읽었다. 중요한 것은 중국에 대한 배경이나 지식 이 없어도 충분하며, 작품 그 자체만으로 한 편의 수필 을 잘 이해할 수 있다는 점이다. 그저 아무 생각 없이 눈 에 보이는 글씨를 마구 읽으면 된다. 그러다보면 절로 보 인다. 언어를 떼어버리니 오히려 작품이 잘 보이나 보다. 다음과 같은 글귀를 녹음하는데 걸릴 게 뭐가 있나. 그 냥 큰 소리로 읽으면 된다.

秋天, 无论在什么地方的秋天, 总是好的…古人所 说的梧桐一叶而天下知秋的遥想, 大约也就在这些 深沉的地方…不单是诗人, 就是被关闭在牢狱里的 囚犯, 到了秋天, 我想也一定会感到一种不能自己 的深情.

가을, 어느 곳의 가을이든지 늘 좋다. (…) 옛사람들이 말한 '오동잎 하나로 천하에 가을이 왔음을 알린다'는 그 멀고 먼 옛 생각이 마음 깊은 곳에 머무른다. (…) 단

지 시인뿐만 아니라 감옥 속에 갇혀 있는 죄수에게도
가을이 오면, 자신을 억제할 수 없는 깊은 잠재의식의
감정을 반드시 느끼게 될 것 같은 생각이 든다.

— 욱달부, 「고도의 가을」 중에서, 이경은 옮김

내가 이 책 『중국의 고전산문』을 고른 이유는 제갈
량諸葛亮(181~234)의 「출사표出師表」 같은 것들을 읽고 싶어서
였다. 말로만 듣던 글들을 이젠 만날 때가 되었다는 생
각이 마음속에서 강하게 솟아올랐다. 사실 나는 그가
아들을 훈계하는 「계자서誡子書」가 더 좋았다. 생각만이
아니라 몸으로 직접 부딪쳐야 제 몸을 통해서 깨닫게 되
는 것들이 있다. 어디에서 이런 말을 들으랴.

"배움은 고요함 속에서 나오며, 재능은 배움에서 얻
어진다."

아, 나는 지금까지 재능이 천부적인 DNA가 있어야
되는 줄 알았는데, 배움에서 나온다는 말에 눈이 확 열
리는 듯 몸이 떨려왔다. 원핑도로 시작했으니 그의 글귀
로 맺는다.

世人所難得者唯趣。趣如山上之色、水中之味、花中之光、女中之態, 雖善說者不能下一語…夫趣得之自然者深, 得之學問者淺.

세상 사람들이 얻기 어려운 바가 오직 흥취이다. 마치 산 위의 색깔, 물 안의 맛, 꽃 속의 빛깔, 여인이 품은 자태와도 같아서, 말을 잘 한다고 하는 사람 그 누구라도 한 마디로 말할 수 없다. (…) 흥취란 자연스럽게 얻는 것이 깊은 경지요, 학문을 통해 얻는 것은 얕은 경지이다.

– 원굉도의 진정보 『회심집』 서문 중에서, 이경은 옮김

불현듯 윌리엄 워즈워드William Wordsworth(1770~1850)와 다자이 오사무太宰治(1909~1948)가 생각난다. 나는 목하 연애 중이다.

랄리벨라 이야기

스페인 베르무트 한 잔에

임의진의 〈보헤미아 유랑가〉를 들으며

읽는 책.

크리스티나 가르시아 로데로, 『LALIBELA: 에티오피아 도시 랄리벨라』
LA FABRICA, 2017.

한 장의 흑백 사진. 색色들의 강렬한 대비로 존재감이 마구 분출되고, 그 사이로 무채색이 무겁게 실린다. 설핏 보면 눈에 들어오지 않을 수도 있다. 그만큼 원초적인 자연의 색들은 감당키 어려울 만큼 지나치게 유혹적이다. 영화 〈룸 넥스트 도어The room next door〉의 한 장면에 나오는 사진 이야기이다.

이 사진은 스페인의 사진작가 크리스티나 가르시아 로데로Cristina García Rodero의 작품 〈이탈리아Italia〉(아폴리아 apulia, 2000)이다. 그녀는 평생 스페인의 전통문화를 치열하게 포착하면서 "인물들의 삶에서 가장 충만하고 강렬한 순간을, 내면의 힘을 모두 쏟아 담으려고 노력"하며 그녀만의 독특한 작품 세계를 보여준다. 장례식에서 애도를 위해 검은 옷을 입고 베일을 쓴 채 울음을 우는, 장례문화의 한 장면을 촬영한 이 사진은 "다른 말이나 이유 없이 그저 함께 동행해 주는 것으로 인간의 죽음에 대한, 슬픔에 대한 위로'라는 영화의 주제로 이미지화된다.

영화 속에서 두 주인공 마사와 잉그리드가 앉아 있는 거실의 소파 뒤에 걸려 있는 이 사진의 존재성은 놀랍다. 소파의 진한 민트블루 색, 마사가 입은 민트 색 스

웨터, 잉그리드가 입은 검은 색 노란 색 빨간 색으로 모자이크화 된 스웨터, 양쪽에 놓인 하얀 등, 빨간 사이드 테이블의 선명한 색깔들 속 뒤에 숨겨진 이 '흑백'은 그저 단순한 흑백이 아니다. 그러면……? 넘쳐나는 이미지들 사이에 홀로 서서 무언가를 바라본다. 마치 마지막 정류장처럼, 이 '죽음'을 주제로 한 영화 속의 슬픔의 정점처럼 꼿꼿이 서서.

나는 이상하게 저 한 장의 사진이 계속 신경이 쓰였다. 물론 페드로 알모도바르Pedro Almodóvar Caballero 감독의 취향에 따른 의도이거나 제작진의 치밀한 선택이겠고, 그 손길의 탁월함은 말이 모자랄 지경이다.

영화 〈룸 넥스트 도어〉는 한 마디로 색과 의미, 그 상징의 향연이다. 알모도바르 감독은 '색감의 힘'을 말하고 싶었을까. 붉은 계열과 푸른 계열의 보색 대조로 인물들의 처지와 심리를 상징하는 메타포가 너무 진해서 울렁거렸다. '죽음'이라는 무거운 주제인데 화려한 색감이 영화 전체를 흐르는 게 낯설었지만, 삶과 죽음이 하나이자 양면이니 자연스럽기도 하다.

고백하자면, 나는 이 사진이 들어 있는 책을 결국 찾지 못했다. 어쩌면 그냥 작품으로만 있는 것일지도 모른다. 하지만 사실 여부를 확인할 길이 없다. 능력의 한계이다. 부끄러워도 할 수 없다. 대신 저 한 권의 책을 얻었다. '아프리카의 예루살렘'이라 불리는 에티오피아 랄리벨라의 '암굴교회군##' 사진집이다. 막힌 끝 길에서 새로운 길을 만난다. 사는 일이 다 그런 모양이다.

눈이 온 세상 위에 살포시 내린다.
죽은 자와 산 자 위에도 눈이 살포시 내린다.

‐ 제임스 조이스의 『더블린 사람들』 중 「죽은 사람들The Dead」에서

영화 한 편에 그렇게 많은 것을 집어넣다니, 버거운 느낌마저 든다. 에드워드 호퍼의 미술작품들도 훌륭하고 영화적 변용도 놀랍지만, 나는 문학적 여정만 잠시 따라가 본다.

이 영화는 미국 작가 시그리드 누네즈Sigrid Nunez가 쓴 『어떻게 지내요What are you going through』가 원작이다. 요샌 원작이 있는 영화를 조금 높이 평가하는 모양이다. 나는 영화를 본 뒤에 이 소설을 읽었는데, 알모도바르 감독의 문학과 미술, 사진, 패션, 퀴어에 대한 예술적 추출에 대한 능력이 지극한 경지라는 생각이 들었다. 거꾸로 뒤집

어보면 시그리드 누네즈가 그의 영감에 불을 지폈다는 반증이기도 하다. 좋은 작품의 영향력은 이처럼 깊고 넓게 퍼진다.

제임스 조이스James Augustine Aloysius Joyce(1882~1941)의 단편 「죽은 사람들The Dead」이 표현한 '죽음'에 대한 초점은 영화와는 좀 다른 것 같다. 아내의 첫사랑 이야기를 들으며 죽은 자가 진정한 의미에서 살아 있는 것이고, 과거에 얽매여 살고 있는 자신과 이모들이 오히려 '죽어 있었다'는 역설적 상황에 직면하는 문학교수 남편 게이브리얼. 나는 그의 갈등이 더 마음에 닿았다. 영화에서 눈이 내릴 때마다 '마사'의 읊조림을 통해 세 번이나 전달되는 저 문장은 '죽음'은 누구에게나 다가오며, 그 죽음에 대한 두려움을 어루만져준다. 이렇게 서로 연결되는 예술의 선線이 아름답다.

크리스티나 가르시아 로데로를 묘사한 글이 떠오른다. "그녀는 늘 우리의 가슴속에서 진실이 담겨 있는 길을 찾아낸다."

가장 무서운 진실-죽음, 아니 삶!

시간, 빛깔, 몽상

보졸레 누보에 파도의 하얀 포말을 섞어

〈Misty〉를 들으며 읽는 책.

마르셀 프루스트, 『시간의 빛깔을 한 몽상』, 이건수 옮김, 민음사, 2019.

책방을 어슬렁거리다가 생각지도 않은 책을 발견할 때의 기쁨은 말할 수 없다. 냉큼 집어 온다. 우리 집으로 오게 된 운명의 책이랄까. 누군가의 뜨겁거나 차가운 '심장'을 손안에 든 기분이다. 느닷없는 행복이 눈부시다.

『시간의 빛깔을 한 몽상Les Regrets, Rêveries Couleur du Temps』.

'시간'은 작가들의 영원한 주제이자 숙제이고, '빛깔'은 내 안의 미적 감각을 불러일으키고, '몽상'은 아련하고 자유로운 꿈의 세계를 그리게 한다. 이 세 언어는 따로 있어도 빛나지만, 함께할 때 강한 펀치가 나올 것이다. 어쩌면 감성의 회로가 뜨겁게 달구어져 폭죽처럼 아름답게 밤하늘에 터질지도 모르겠다.

사실 이 책이 새롭긴 하지만, 나는 작가인 마르셀 프루스트Marcel Proust(1871-1922)를 더 좋아한다. 대학 1학년 때 그의 『잃어버린 시간을 찾아서À la recherche du temps perdu』에 빠졌다. 아니 탐닉했다는 게 더 정확한 표현이다. 프랑스 문학에 대해 잘 모르면서도 두 번을 읽었다. 신경성 천식을 앓던 작가 때문에 늘 수증기로 자욱했던 방의 분위기가 인상적이었다. '마들렌' 하고 입안에 이 말을 굴리면, 홍차의 쌉쓰레한 맛보다 안개처럼 자욱한 방 안 풍경이 먼저 떠올랐다.

무엇보다 "시장에 가서 말들을 모아다 줘."라고 하던 프루스트의 대사가 머리에 세게 박혔다. 글이 모자랄 때마다 나도 누군가에게 저 말을 정말 해보고 싶다는 생각이 들었다. 그건 '살아서, 움직이는 말'이다. 움직이는 언어의 생동감과 펄펄 뛰는 문장들을 사려면 사람들이 살아 움직이는 시장에 가야 한다는 말인가. 책 안에 갇힌, 반은 죽어 있는 말이 아니라 삶의 치열한 현장에서 터져 나오는 생명력이 물씬한 말!

프루스트는 그런 말의 소중함을 느꼈던 것 같다. 『시간의 빛깔을 한 몽상』에는 한 폭의 그림과 같은 회화적인 문장들이 가득하다. 청년 작가 마르셀 프루스트의 생각들이 온갖 색채로 생생하게 살아 있다고나 할까. 산문시라고 하지만, 내게는 에세이처럼 느껴진다. 글을 쓰다가 언어가 시들해지거나 감성이 마를 때에 보는 책들 중의 하나이다. 가슴에서 촉촉한 느낌이 사라질 때 꽉 붙들어주는 책이랄까.

이 책은 그의 첫 산문집 『즐거운 나날들Les Plaisirs et les Jours』 중에서 산문시만을 모아, 화가 제임스 애벗 맥닐 휘슬러James Abbott McNeill Whistler(1834~1903)의 그림을 담은 시화집이다. 원래 제목은 '음악, 슬픔, 바다에 관한 단상들'

이었는데, 나중에 제목을 바꾸었다고 한다. 왜 그랬는지 궁금하지만, 생각하면 흔한 일이기도 하다. 나는 저 제목이 훨씬 맘에 든다. 제목이 조금 사치스럽고 허영기마저 느껴지지만, 미학적인 느낌이 매력적이다.

음악, 슬픔, 바다, 시간, 빛깔, 몽상으로의 전이를 '음악의 시간, 슬픔의 빛깔, 바다의 몽상'으로 이어본다. 제법 말이 된다. 이어지지 않는 선線은 선이 아닐 게다. 나는 음악을 들을 때마다 늘 슬픔의 가락을 가슴에 담는다. 그 빛깔은 어느 날은 무채색이거나 단색이다가 무지개의 화려한 색이 되기도 한다. 푸른색이 넘치면 바다로 떠나고 싶거나 비행기를 타고 푸른 하늘을 날고 싶어진다. 달콤한 몽상은 덤이다.

황홀한 관능이 망상이란 것을 알게 될 즈음 찾아오는 손님이 있으니 '슬픔'이며, 음악은 삶과 죽음, 바다와 하늘이라는 원대한 '아름다움'이고, 그 아름다움이 들리는 시간은 '사랑할 때'라는 말을 프루스트는 하고 싶었던가.

달의 슬픔이 나의 슬픔임을 알아채는 그의 감성이 훔치고 싶을 만큼 고혹적이다.

책 밖에서 책을 말하다

블루문 맥주 한 잔에

마룬5의 〈Memories〉를 들으며 읽는 책.

T. S. 엘리엇, 『황무지』, 황동규 옮김, 민음사, 2017.

두 사람으로 느껴진다. T. S. 엘리엇의 본명은 토머스 스턴스 엘리엇Thomas Stearns Eliot(1888~1965)이다. 두 이름의 느낌이 이렇게 다르다니……. 나는 평소에 작가의 풀 네임을 부르는 걸 좋아하는데, 엘리엇만은 축약된 저 이름으로 쓰고 싶다. 이유라면 '황무지The Waste Land'라는 제목과 잘 어울리기 때문이다.

대학 때 이 시를 보자마자 궁금했다. 왜 하필 4월인가. 이 시인이 12달 중에서 4월을 고른 이유가 뭘까. 도대체 왜 잔인하단 말인가 궁금했지만, 딱히 물어볼 데가 없었다. 지금처럼 인터넷이 활발한 시대가 아니라서 정보를 알 길이 없을 때, 누군가가 이렇게 말했다.

"생각을 해봐. 저 여린 새싹들이 겨우내 딱딱하게 얼어붙었던 땅을 뚫고 세상 밖으로 나와야 하는 게 얼마나 힘들고 고통스럽겠어? 잔인하지 않아?"

맞아. 잔인하지. 의문점이 단번에 사라지는 기분이 들었다. 우리가 공부를 통해 내 안의 의식을 깨울 때에도 처음에는 정신의 단단한 표면을 뚫고 들어가기가 고통스럽고 힘들지만, 자꾸 하다 보면 어느 날 무의식의 깊은 곳까지 들어가듯이 말이다. 그 과정을 겪은 여린 새싹이 세상 밖으로 나와 봄을 불러 모을 것이다. 이렇게 생각하고 시를 보니 쉽게 이해가 되었다.

"사월은 가장 잔인한 달"은 이 시의 다섯 개 파트 중 첫 번째인 〈죽은 자의 매장〉 중 첫 문장이고, 그 해설은 "가사 상태를 원하는 현대인들에게 모든 것을 일깨우는 4월은 가장 '잔인한' 달일 수밖에 없다."라고 되어 있다. 이건 또 웬 가사상태인가. 그것만 생각해도 하루해가 다 지겠다. 시 안의 언어가 쉴 없이 자유자재로 사방팔방으로 흐른다.

현대 모더니즘을 대표하는 『황무지』는 433행의 장시로 라틴어와 희랍어, 산스크리트어 등 여섯 개의 언어가 사용되었다. 셰익스피어 등 33인의 작가들을 인용하여 다양한 전설과 신화를 표현한 이 작품으로 시인은 노벨문학상을 받았다. 제목 '황무지'는 제1차대전 직후 황폐해진 세계와 시인 본인의 사생활을 의미한다는 말이 있는가 하면, 단순히 폐허가 아니라 정신적 불구가 된 유럽 사회 전체를 지칭한다는 해석도 있다. 죽은 땅에서 라일락을 키워내듯이 폐허가 된 세상에 새로운 구세주가 나타나기를 기다리는 '희망의 메시지'라는 것이다. 해석은 길고도 다양하다. 하지만 시는 각자 알아서 느끼는 게 최선이다. 나는 4월에 나쁜 일들이 많이 생겨,

시인의 직감으로 잔인하다고 느꼈나 하는 생각도 했다.

이 책을 다시 읽으면서 'il miglior fabbro(보다 나은 예술가)'로 불리운 에즈라 파운드Ezra Pound(1885~1972)에게 온통 마음을 빼앗겼다. 이 말은 단테의 『신곡』에 나오는데, 혼란 상태에 있던 『황무지』의 초고를 에즈라 파운드가 약 절반의 길이로 줄이고 고쳐주어서 엘리엇이 그에게 감사의 표시로 보낸 찬사이다.

그 어려운 원고를 다듬어준 에즈라 파운드와 그 공로를 숨김 없이 드러낸 엘리엇에게 눈이 갔다. 서로에 대한 신뢰가 두텁지 않으면 어려운 일이다. 엘리엇은 이 작품의 제목을 '그는 서로 다른 목소리로 세상을 정탐한다'로 하려 했다가 에즈라 파운드에게 반려당해 제목을 다시 정했다고 한다.

워메, 워째야 쓰까이. 저 제목이었으면!

에즈라 파운드는 엘리엇이 영국에서 직장을 얻어 은행원으로 근무하느라 창작에 전념하지 못하자 후원금을 마련해 도와주기도 했다. 그의 마음 씀은 여기서 그치지 않았다. 제임스 조이스, 어니스트 헤밍웨이 등도 그의 조력이 있었기에 세계적인 문학가로 성장할 수 있었다고. 에즈라 파운드는 파리에 살면서 재능 있는 작가들이 작품에 열중할 수 있도록 뒷받침을 해주었다. 아쉬운 것은 에즈라 파운드 또한 강력한 노벨문학상 수상 후보였지만 결국 받지 못했으니…… '아니, 당신은 이미 많은 작가에게서 최고의 작가로 추앙받은 분이십니다.'

미국에서 태어난 엘리엇은 1927년 영국에 귀화하였고, 자신을 일컬어 "문학적으로는 고전주의자, 정치적으로는 왕정 지지자, 종교적으로는 영국 국교도"라고 말했는데, 뭔가 완고함이 느껴진다.

『황무지』 각 장의 마지막 문장이 인상적이다.

그대! 위선적인 독자여! 나와 같은 자 나의 형제여!
(1장 보들레르의 「악의 꽃」 서시 「독자에게」의 마지막 행)
안녕, 아름다운 부인님들, 안녕안녕.
(2장 오필리어가 물에 빠져 죽기 전에 하는 인삿말. 「햄릿」 4막 5장 참조)
주여 당신이 저를 건지시나이다.
(3장 『참회록』 부처와 성 아우구스티누스)
플레바스를 생각하라, 한때 그대만큼 미남이었고 키

가 컸던 그를. (4장)

샨티 샨티 샨티!

(5장 산스크리트어로 '이해를 초월한 평화')

4월이 지나갔다. 길게 숨을 내쉬자.

에필로그

단 한 줄의 인상적인 에필로그를 쓰고 싶었지만, 멋 부리지 않고 소소한 이야기를 쓰기로 마음을 붙잡았다. 뒷배경이나 뒷이야기는 그저 시시콜콜하게 들려야 마음이 편하고 즐거운 법이니까.

맨 처음 이 책을 기획하고 시작할 때, 누구를 1번 타자로 쓸까 생각하다가 '에밀 졸라'를 골랐다. 이 '선택된 남자'의 소설을 나는 좋아한다. 단지 재미있다는 이유만으로. 게다가 『결혼, 죽음』이라는 두 언어의 연결이 무엇보다 비극적인 이미지를 떠오르게 하고, 현실적인 호기심을 불러일으키기에 적당할 것 같았다. 줄리언 반스의 말처럼 예감은 틀리지 않지만, 수필가 김경혜가 쓴 것처럼 예상은 반은 맞고, 반은 틀리기도 한다.

　　마지막 선택을 두고는 한 달쯤 고민을 했다. 괴테의 『서동시집』과 위화의 『사람의 목소리는 빛보다 멀리 간다』, 밀란 쿤데라의 『무의미의 축제』와 히라노 게이치로 『한 남자』, 아베 코보의 『벽』과 마르셀 에메의 『벽으로 드나드는 남자』, 그리고 이상 『이상, 바르셀로나를 날다』 중에서, 무엇으로 마무리할까 생각하다가 이상으로 결정했다. 가끔 겨드랑이가 가렵다는 이 남자에게 온종일 햇볕을 쬐게 하고 싶었다. 어쩌면 내가 가장 좋아하는 시인이라서 아껴두고 싶은 마음이 더 컸는지도……. 근본적인 이유는 이렇게 단순하고 유치하며, 편애는 나의 고질병이다.

　　글을 마무리할 때마다 '술과 음악'을 곁들였다. 나는 음악이 없으면 불안을 느낀다. 잘 마시지도 못하지만 술 한잔 걸치는 여유마저 없으면 사는 게 지루하다고 생각한다. 그래서 내 글을 읽어주는 이에게 술과 음악, 그림, 사진을 한 테이블에 차려 대접하고 싶었다.

"책을 사는 데 돈이 많이 들어요. 도서상품권도 함께 보내주세요!"

독서 에세이를 '데일리한국'에 연재하는 동안(2024. 10.~2025. 8.) 독자들의 이런 원성을 받곤 했다. 내 글을 통해 알게 된 책을 안 사고는 못 배기는 사람들이 있다니……. 게다가 그들의 경제생활에 영향을 줄 정도라니 놀라웠다. 나의 유혹이 제법 먹혔다는 뜻으로 자의적 해석을 하며 스스로를 위로했지만, 고맙고 미안한 마음은 고스란히 남았다.

실은 나도 만만치 않다. 한 달 생활비에 책값이 차지하는 비중이 꽤 높다. 좋은 책을 눈앞에 두고 돌아서기란 아기들이 엄마 찌찌를 포기하는 것과 같다. "또, 또 책 왔네." 하며 책을 서재로 갖다주는 그 얼굴이 뭘 말하고 싶은가 생각하며, 파킨슨 환자들에게는 쇼핑 중독 현상이 있어서 그런 거라고 우긴다. 뭐라고 하지도 않는데, 제 발이 저려서 별 핑계를 다 대어본다. 여하간에 뒤꼭지가 좀 가렵다.

어떻게 그렇게 많이 읽고 쓰느냐는 질문도 자주 받았다. 책이 풍기는 냄새를 맡고 그 느낌을 받아 적었다.

독자들이 좋아할 것 같은 '썰'을 풀기도 하고, 나의 취향을 대놓고 드러내기도 했다. 대체로 사람들은 생소한 책보다는 작가 이름이나 제목이라도 들어본 책에 대해 이야기하는 걸 좋아했다. 이미 읽은 책인데 자신이 미처 보지 못한 부분을 새롭게 발견하는 기쁨을 즐겼다. 독자들이 다양한 만큼 그 반응도 수많은 색들의 스펙트럼으로 펼쳐져 아름다웠다.

독서 에세이가 북 리뷰와 어떻게 다르냐고 묻는 분들이 있었다. 리뷰가 책에 대한 소개나 가이드에 초점이 맞추어져 있다면, 독서 에세이는 한 권의 책을 보자마자 툭 치며 다가오는 '감동'의 실타래를 잡고 뜨개질을 시작하는 것이다. 자기만의 이야기나 느낌으로 사유를 해나간다. 그렇다고 거창한 것은 아니다. 그림, 음악, 술, 여행, 사진 등 내 마음의 창고에 있는 수많은 재료들과 뒤섞어 새로운 무늬가 나올 때까지 수시로 풀었다 짰다 하는 글이 독서 에세이이다. 말하자면 리뷰가 객관적 사실의 서술이라면, 독서 에세이는 책이라는 매개체를 통해 내 안의 기억과 감정을 꺼내는 작업이다. 시작의 동기도 진행과정도 다르다.

독서 에세이를 쓰는 동안 내 머릿속은 24시간 운행했으며, 몸과 마음이 온통 책을 향해 그 촉이 서 있었다. 그러다 갑자기 마음이 멈추었다. 그만 쓰고 싶어……. 그러자, 그럼. 무더운 여름이어서 그랬을까. 빙수나 먹으면서 멍해지고 싶어졌다.

이 글들을 왜 그토록 힘을 다해 썼을까. 사실은 나도 잘 모르겠다. 책을 그리려 했는지, 나를 그리려 했는지. 책의 어떤 모습을 쓰고 싶었는지, 나의 어떤 모습을 쓰려고 했는지. 애매하다. 그 애매함이 나를 불렀는지도 모른다.

그래도 하나만은 알 것도 같다. 책의 '등'을 말하고 싶은 마음이 있었다는 걸, 뒤돌아선 사람의 등이 늘 신경 쓰였다는 걸, 나의 등 역시 종종 서늘했다는 걸, 등에 난 타인의 상처에서 나를 보았다는 걸, 아니 발견했다는 걸, 가끔 조금 슬프고 외로워서 눈물 몇 방울을 노트북 위에 떨구기도 했다는 걸, 그리고 언제나 책이 반겨주었다는 걸…….

그뿐일지도 모른다. 그래도 책 안의 페이지들 사이에서 종종 '별'을 보았다.

그저, 책 안의 사람들을 만나는 일이 좋았다.

이제, 책 밖의 사람들을 만나러 갈 시간이다.

아듀, 봉쥬르!

찾아보기

도서명

ㄱ   가만히 기린을 바라보았다_88

가장 푸른 눈_214

감략_175

결혼, 죽음_162, 248

고래_40

고추장 작은 단지를 보내니_211

교토 커피_116

거짓의 조금_7

그녀의 눈물 사용법_134

기억한다는 착각_217

꽃을 묻다_44

ㄴ   나나_161

나는 고양이로소이다_126

나를 안아주는 그림 나를 치유하는 미술_184

나쁜 책_39

낙원의 이쪽_88

남편의 아름다움_70

내 속에는 나무가 자란다_66

너새니얼 호손 단편선_194

노을의 기억_216

논어_65

눈부시게 새빨간 부겐빌레아_110

　　　　　눈물상자_22

ⓒ　　　다른 남자_180

　　　　　달콤한 고통_164

　　　　　더 리더-책 읽어주는 남자_183

　　　　　더블린 사람들_236

　　　　　동방견문록_120

　　　　　두이노의 비가_152

　　　　　딩씨 마을의 꿈_213

ⓔ　　　로빈슨 크루소_53

　　　　　롤리타_214

　　　　　루시언 프로이드_198

　　　　　리스본행 야간열차_16

ⓜ　　　마의 산_41

　　　　　머나먼 섬들의 지도_50

　　　　　멸치 생각_62

　　　　　모든 빗방울의 이름을 알았다_28

　　　　　목로주점_161

　　　　　무너져 내리다_86

　　　　　무의미의 축제_249

　　　　　밀린다왕문경_69

ⓗ　　　바다보다 먼저 일어서는 파도_128

　　　　　벽_249

　　　　　벽으로 드나드는 남자_249

　　　　　변신_178

　　　　　봄은 깊어_46

　　　　　빈방의 빛_90

ⓢ　　　사나운 애착_139

사람의 목소리는 빛보다 멀리 간다_249

사서_213

산문집_210

산해경_175

삶의 격_18

서동시집_249

서른 개의 노을_218

세상의 아내_32

슬픔이여 안녕_189

시간의 빛깔을 한 몽상_238

시절한시_168

신곡_60, 157

스모크_236

◎ 아구아 비바_222

아래층 계단의 말_42

아버지께 드리는 편지_178

아침꽃 저녁에 줍다_172

어떻게 그렇게_211

어떻게 지내요_236

언어의 연금술사_18

여인들의 행복 백화점_161

여행하지 않은 곳에 대해 말하는 법_120

영원한 불확실성_144

열하일기_209

오리엔트 특급 살인_17

오셀로_101

위대한 개츠비_88

이상, 바르셀로나를 날다_74, 249

인형의 편지_179

잃어버린 시간을 찾아서_190, 239

ㅈ 작가들의 책장 훔치기_203

작별하지 않는다_219

작품_161

잡문집_82

제르미날_161

조제는 언제나 그 책을 읽었다_190

주홍글씨_197

중국 현·당대 수필선_229

중국의 고전산문_226

즐거운 나날들_240

지도와 영토_203

지옥에서 보낸 한철_156

질투_103

질투라는 감옥_100

짝 없는 여자와 도시_138

ㅊ 참회록_247

척독_208

책그림책_94, 97

체호프 단편선_104

친밀한 타인들_210

ㅋ 카프카의 엽서-그리고 네게 편지를 쓴다_176

쿠바는 못 가도 카페쿠바는 간다_96

ㅌ 타임 셸터_38

태양의 후예_149

테레즈 데케루_162
테레즈 라캥_67, 161
ⓟ 파리 리뷰_28
80일간의 세계일주_120
ⓗ 한 달 후, 일 년 후_188
한 남자_249
행복한 왕자_25
호손 단편선_194
황무지_242
회심집_231
흙을 먹는 나날_204
Água Viva_223
Life and Work_146
LALIBELA_232
Man Ray_26
On Reading_56

삼체_39
스모크_124
악마는 프라다를 입는다_34
열두 달, 흙을 먹다_205
엠마_34
오만과 편견_34
오리엔트 특급 살인_17
위대한 유산_85
이토록 친밀한 배신자_209
인터스텔라_215
작가 미상_147
제르미날_33
조제, 호랑이 그리고 물고기
　들_190
지슬_219
첨밀밀_112
친밀한 타인들_209
토탈 이클립스_159
해피니스Happiness_205
행복_205
행복목욕탕_120
헤어질 결심_170
흐르는 강물처럼_175
8월의 크리스마스_153
프린세스 다이어리_105

영화·드라마 명

닥터 지바고_85
룸 넥스트 도어_233
리스본행 야간열차_17
바그다드 카페_121
박하사탕_111
북샵_214
비커밍 제인_34

곡명

그 저녁 무렵부터 새벽이 오기까지_208

달빛_128

무정한 마음_144

보헤미아 유랑가_232

봄_216

사랑의 꿈_66

섬으로 가요_50

알폰시나와 바다_165

어두운 숙명_16

어머니가 가르쳐준 노래_176

왈츠 7번 Op. 64-2(쇼팽)_180

이별의 노래_74

이태리 정원_32

자클린의 눈물_152

진주 조개잡이_38

첨밀밀_110

칼리파 부인_22

템페스트_63

Agua De Beber_222

Alfonsina Y El Mar_164

Calling you_116

Clair de lune_128

Dust in the wind_156

Eden is a Magic World_160

Emmanuelle_198

Felicita_70

Fly me to the moon_212

La Caiffa_22

Liber Tango_71

Mariage D'Amour_194

Memories_242

Misty_238

Mon Mec A Moi_226

Moulin Rouge_148

Raindrops keep Falling on My Head_28

Passacaglia_184

Perfect_188

Scarborough Fair_168

Shinjuku twilight_82

Tango Tzigane_100

Tokyo & Seoul Swing_44

Veinte Años_56

인명

강명희_216

게르하르트 리히터_144

게오르기 고스포디프_38

구양수_227

권상희_50

김경혜_249

김소율_184

김수지_179

김유태_39, 212

김윤진_110

김재혁_180

김정미_216

김지훈_62

김준환_32

김춘수_67

김화영_148

나쓰메 소세키_46, 126

나카에 유지_205

남길영_66

너새니얼 호손_194

니이미 난가치_45

다자이 오사무_231

단테 알레기에리_157, 245

대니얼 디포_53

데라다 도라히코_46

데이비드 호크니_201

도연명_227

두보_169

둥챠오_114

등려군_110

라이너 마리아 릴케_152

레오나르도 디카프리오_159

레이먼드 카버_29

로이 리히텐슈타인_25

롤랑 바르트_170

루 살로메_153

루쉰_172

루시언 프로이드_198

르네 마그리트_126

르네 샤르_150

리처드 용재 오닐_176

리쾅_111

린 르노_148

마르셀 프루스트_190, 238

마르코 폴로_120

마리오 란자_144

마크 스트랜드_90

만 레이_25

메르세데스 소사_164

무라카미 하루키_8, 82

미셸 쇠포르_225

미셸 우엘벡_203

미셸 투르니에_98, 171

미즈카미 쓰토무_204

밀란 쿤데라_249

밀로쉬 카다라글리치_90

마르셀 에메_249

마르셀 푸르스트_190, 238

마리오 란자_144

무라카미 하루키_8, 82

메르세데스 소사_164

미즈카미 쓰토무_204

민은영_38

밀로쉬 카라다글리치_90

박민규_136

박성민_44

박완_32

박재우_110

박지원_208

베른하르트 슐링크_180

베보 발데스_56

베토벤_33, 62, 65

봄로야_22

브래드 피트_175

블라디미르 나보코프_214

비비언 고닉_138

비엣 타인 응우옌_214

빌리 조 토마스_28

샤오스_114

사카모토 류이치_204

설경구_111

세르게이 라흐마니노프

셀축 데미렐_123

샘 쿡_86

소식_227

소철_227

소크라테스_102

송경배_208

수마나 로이_66

수전 손택_98

스콧 피츠제럴드_86

시그리드 누네즈_236

신경진_203

신정환_164

심재범_116

아르튀르 랭보_156

아리엘 라미레스_167

아말리아 로드리게스_16

아베 코보_249

아스투르드 질베르토_222

아스트로 피아졸라_71, 166

아쿠타가와 류노스케_46

안토니 가우디_76

안토닌 드보르작_176

안톤 체호프_104

알 바노_70

알랭 로브그리예_103

알메이다 프라두_18

알베르 카뮈_148

알폰시나 스토르니_164

앙드레 케르테츠_8, 56

앙리 카르띠에 브레송_57

앙리에트 그렝다_150

애거서 크리스티_17

앤 카슨_70

앤 해서웨이_34

앤디 워홀_25

야마모토 케이_100

양만리_170

어니스트 헤밍웨이_8, 74

에드 시런_188

에드거 앨런 포_196

에드바르트 뭉크_185

에드워드 호퍼_91, 236

에즈라 파운드_245

에릭 사티_94

에밀 졸라_160, 248

엔니오 모리꼬네_22

옌렌커_213

오르한 파묵_98

오수형_226

오스카 와일드_25

오스카 폴락_177

오틀라 카프카_177

올리비아 투쌩_160

왕안석_227

우선덕_211

욱달부_229

유한준_209

원굉도_227

윌리엄 셰익스피어_101, 141

윌리엄 워즈워드_231

유디트 샬란스키_50

유종원_227

윤동주_120

이건수_238

이나무_179

이백_169, 227

이상_74

이선주_160

이원석_104

이인성_128

이주혜_28

이지운_168

이하영_190

임마누엘 칸트_120

임의진_232

자크 오펜바흐_152

장학우_172

전은경_16

정지용_120

조디 그레이그_198

조반니 프라체토_209

조르주 비제_38

조반니 프라체토_209

조지 로버트 기싱_139